Anonymus

Die Kriminalität der Juden in Deutschland

Anonymus

Die Kriminalität der Juden in Deutschland

ISBN/EAN: 9783743332836

Hergestellt in Europa, USA, Kanada, Australien, Japan

Cover: Foto ©ninafisch / pixelio.de

Anonymus

Die Kriminalität der Juden in Deutschland

Die Juden in Deutschland.

I.

Die Kriminalität der Juden in Deutschland.

Herausgegeben

von dem

Comite zur Abwehr antisemitischer Angriffe in Berlin.

Berlin, 1896.

Verlag Siegfried Cronbach.

Die nachfolgende Veröffentlichung ist die erste aus einer Reihe von Arbeiten, welche die kulturellen Verhältnisse der Juden in Deutschland klarzustellen bestimmt sind.

P. N.

Inhalts-Verzeichniß.

	Seite
Einleitung	VII—XX
I. Die Kriminalität der christlichen und der jüdischen Bewohner Deutschlands	1—29
II. Die Kriminalität der christlichen Bewohner des Königreichs Sachsen und der Juden in Deutschland . .	30—36
III. Freisprechungen in Deutschland	37—41
IV. Die Kriminalität der christlichen und der jüdischen Bewohner Oesterreichs	43—56

Einleitung.

In der antisemitischen Bewegung spielt die Behauptung eine grosse Rolle, dass die Juden durch eine ganz besondere Beanlagung zum Verbrechen eine Gefahr für jene Länder seien, in denen sie sich aufhalten. Wie so viele Behauptungen von verwandter Art wird auch diese Angabe meist ohne jeden Beweis ausgesprochen; und ist sie nur häufig genug ausgesprochen, so gilt sie auf Grund der ewigen Wiederholungen schon als Wahrheit; sie wird schliesslich als Thatsache hingenommen. Daneben giebt es freilich auch Untersuchungen, die in das Gewand der Wissenschaft gekleidet, das zu beweisen suchen, was jene Behauptungen anführen.

Weder mit diesen noch mit jenen soll an dieser Stelle eine polemische Auseinandersetzung versucht werden. Die nachstehenden Zusammenstellungen bringen nackte Zahlen mit kurzen Erläuterungen dazu, die nicht für Fanatiker geschrieben sind, sondern für solche Leute, welche die objective Wahrheit zu suchen wünschen. Die Zahlen geben auf Grund des gesammten amtlichen Materials, das vorliegt, die Thatsachen; das Material erstreckt sich vom Jahre 1882 bis zum Jahre 1892; mit dem Jahre 1882 beginnen die Veröffentlichungen des Kaiserlich deutschen statistischen Amtes, und sie sind jetzt bis zum Jahre 1892 gediehen. Für die Bevölkerungsverhältnisse wurde die zwischen 1882 und 1892 mitten inneliegende Volkszählung vom 1. Dezember des Jahres 1885 genommen. Die Erläuterungen suchen den Zusammenhang der Thatsachen festzustellen; inwiefern sie das Richtige treffen, wird jeder unparteiisch denkende Leser selbst zu beurtheilen haben.

Für die Form der Darstellung war der folgende Gesichtspunkt maassgebend: Es wäre möglich gewesen, nach streng wissenschaftlicher Methode den Stoff knapper zusammenzufassen; allein diese Schrift ist nicht bestimmt, nur von solchen Lesern benutzt zu werden, die geübt sind, statistische Zahlenreihen zu überblicken. Nach völliger wissenschaftlicher Correctheit und Zuverlässigkeit ist freilich in allen Theilen gleichmässig gestrebt worden, daneben wurde jedoch versucht, die Ergebnisse in einer solchen Form niederzulegen, dass auch jene aus der Veröffentlichung Aufklärung zu ziehen in der Lage bleiben, die in der Benutzung statistischer Untersuchungen weniger geübt sind. Bei der Verbreitung der antisemitischen Behauptungen über die verbrecherische Charakterveranlagung der Juden war es geboten, das vorliegende Material derart zu bearbeiten, dass auch weitere Kreise ohne grössere Mühe dasselbe zu lesen, zu beurtheilen und sogar auf seine Zuverlässigkeit zu prüfen im Stande sind. Unter diesen Umständen war völlige Deutlichkeit eine Hauptaufgabe, die erfüllt werden musste selbst auf die Gefahr hin, dass Wiederholungen sich als nöthig erwiesen.

Die Frage, um die es sich handelt, ist folgende: Es zeigt sich, dass die Juden Deutschlands im Verhältniss zur Bevölkerungszahl bei einzelnen Strafthaten stärker, bei anderen Strafthaten weniger stark betheiligt sind als die Nicht-Juden.

Der Grund für diese Thatsache sollte, soweit möglich, ermittelt werden. Für die Antisemiten ist dieser Grund nicht zweifelhaft; er liegt in der „verbrecherischen Naturanlage der Juden", die sie reizt, bestimmte Vergehen und Verbrechen zu verüben, und man ist auch noch so glücklich, das seltenere Vorkommen bestimmter anderer Vergehen und Verbrechen bei den Juden gleichfalls auf eine Charakterveranlagung zurückzuführen. Die einen sagen des Weiteren, dass diese von ihnen behauptete verbrecherische Anlage der Juden eine Eigenthümlichkeit der Rasse sei; die anderen ziehen zur Erklärung die Religion heran; die meisten suchen ganz sicher zu gehen, indem sie Rasse und Religion in gleicher Weise verantwortlich machen.

Nun ist es wissenschaftlich niemals gelungen, für eine „jüdische Rasse" exacte Merkmale zusammenzustellen; und die jüdische Religion hat nur ein einziges Fundament, das zugleich auch das Fundament des Christenthums in allen seinen verschiedenen Ausgestaltungen ist: das alte Testament.

Ernste Forscher haben daher auch niemals jene Folgerungen zu den ihren gemacht; sie haben immer darauf hingewiesen, dass für die besonderen Erscheinungen der jüdischen Kriminalität ein ganz anderer Grund augenscheinlich der maassgebende sein müsse. Der Prüfung dieser Anschauung auf breiterer Basis ist die nachfolgende Arbeit gewidmet.

An und für sich könnte es nicht überraschen, dass die Juden zu bestimmten Vergehens- und Verbrechensarten ein stärkeres, manchmal auch ein schwächeres Contingent stellen, als ihrem Verhältniss zur Gesammtbevölkerung entspricht. Die Ausnahmestellung, in welche die Juden zwangsweise Jahrhunderte und Jahrtausende hindurch gedrängt worden sind, hätte wohl ihre Wirkung ausüben können, und es wäre nicht verwunderlich gewesen, wenn die wenigen Jahrzehnte der Emancipation die etwaigen Einwirkungen von Jahrhunderten nicht sogleich hätten beseitigen können. Ein vorurtheilsloser Beobachter würde mit solchen Möglichkeiten zu rechnen gehabt haben; sie zeigen sich auch wirklich; freilich in einer Verknüpfung, wie sie den Antisemiten für ihre Beweisführung schwerlich erwünscht sein wird.

Wollte man die unerwiesene Behauptung, dass Rasseneigenthümlichkeit oder die Religion für die Erscheinungen der jüdischen Kriminalität maassgebend seien, nicht gelten lassen, so mussten sich andere Erklärungsgründe finden lassen, und sie lassen sich finden; um sie zu erweisen, erhielt die nachfolgende Arbeit ihre Eintheilung.

Theil I behandelt im Anschluss an die amtliche Rubricirung das Verhältniss der Kriminalität der Juden zu der Kriminalität der Nicht-Juden im Deutschen Reiche.

Theil II behandelt das Verhältniss der Kriminalität der Juden im Deutschen Reiche zu der Kriminalität der Nicht-Juden im Königreich Sachsen.

Theil III giebt Stichproben des Verhältnisses der Freisprechungen der Juden zu denen der Nicht-Juden in Deutschland.

Endlich behandelt Theil IV auf Grund der österreichischen amtlichen Quellen dieselben Verhältnisse, soweit sie sich ermitteln lassen, für das Kaiserthum Oesterreich.

Das Königreich Sachsen wurde herangezogen, weil es in Deutschland das typische Land für eine Bevölkerung ist, die in Industrie und Handel in hervorragendem Maasse beschäftigt ist. Das Königreich Sachsen ist aber überdies fast „judenrein", wie der beliebte Ausdruck lautet, und es war demnach zu folgern, dass gewisse Erscheinungen, die sich etwa dort zeigen würden, nicht auf den verschwindenden jüdischen Einfluss würden zurückgeführt werden können.

Oesterreich andererseits wurde berücksichtigt, weil die dortigen Juden, in Galizien vor Allem, auf einer niedereren Stufe kultureller Entwicklung stehen als im Allgemeinen die deutschen Juden. Rasse und Religion müssten also dort ihre etwaigen Wirkungen stärker zeigen als in Deutschland, wo die Einflüsse der Umgebung mildernd und abschwächend gewirkt haben könnten.

Schliesslich wurden auch die Freisprechungen der deutschen Juden herangezogen; denn die Antisemiten behaupten, es seien gewisse den Juden günstige Erscheinungen der Kriminalstatistik nur auf den Umstand zurückzuführen, dass die Juden sich leichter als andere Angeklagte vor dem Gericht „herauszulügen" verständen.

Es ergiebt sich nun aus der Gesammtheit des Materials Folgendes:

Die amtlichen Generalzahlen für Deutschland lauten (Vgl. S. 28 u. 29):

Es wurden in der Zeit von 1882—1892 überhaupt in Deutschland verurtheilt: 38,288 Juden gegen 3,973,667 Nicht-Juden.

Nach dem Verhältniss der Juden zu den Christen in der Bevölkerung wäre eine Verurtheilung von 47,306 Juden noch normal gewesen. Die Juden liefern mithin 9,018 Personen weniger in die Gefängnisse und Zuchthäuser, resp. zu Geldstrafen, als es dem Bevölkerungsverhältnisse nach zu erwarten wäre.

Das ist kein ungünstiges Ergebniss.

Die einzelnen grossen Kategorien zeigen entsprechend folgende Zahlen:

Verbrechen und Vergehen im Amte begangen:

Von 1882—1892 bestraft 17,279 Nicht-Juden und 204 Juden: es lieferten die Juden zwei Personen weniger zu den Verurtheilten, als es dem Bevölkerungsverhältnisse nach zu erwarten war.

Verbrechen und Vergehen gegen das Vermögen begangen:

Von 1882—1892 bestraft 1,826,424 Nicht-Juden und 15,184 Juden: es lieferten die Juden 6,559 Personen weniger zu den Verurtheilten, als es dem Bevölkerungsverhältnisse nach zu erwarten war.

Verbrechen und Vergehen gegen die Person begangen:

Von 1882—1892 bestraft 1,474,645 Nicht-Juden und 14,344 Juden; es lieferten die Juden 3,211 Personen weniger zu den Verurtheilten, als es dem Bevölkerungsverhältnisse nach zu erwarten war.

Verbrechen und Vergehen gegen Staat, öffentliche Ordnung und Religion:

Von 1882—1892 bestraft 655,319 Nicht-Juden und 8,556 Juden; es lieferten die Juden 754 Personen mehr zu den Verurtheilten, als es dem Bevölkerungsverhältnisse nach zu erwarten war.

Also wie in der Gesammtsumme so bleiben auch entsprechend in fast allen einzelnen Rubriken die Juden zum Theil sehr erheblich hinter der durchschnittlichen Kriminalität zurück; nur in einer Rubrik übersteigen sie die Durchschnittszahl: bei den Verbrechen und Vergehen gegen Staat, öffentliche Ordnung und Religion. Unter dieser Rubrik sind Aburtheilungen bis zur Höhe von 66,392 in einem einzigen Jahre in Deutschland erfolgt; und in ihr sind die Juden im Deutschen Reiche mit nicht ganz 69 Personen im Jahresdurchschnitt zuviel betheiligt. Für die staatliche Entwicklung hat natürlich bei Zehntausenden von Verurtheilungen jährlich auch dieser Ueberschuss von 69 Juden keine Bedeutung.

Es könnte sich aber doch fragen: zeigt sich etwa bei den Juden eine besondere Hinneigung zu Verbrechen oder Vergehen gegen Staat, öffentliche Ordnung und Religion? Die Antwort kann nur ein detaillirtes Eingehen auf die einzelnen Arten der Vergehen und Verbrechen liefern; und diese specielle Untersuchung wird auch im Einzelnen zeigen, bei welchen Delikten die Juden stärker, bei welchen zahlreichen Delikten sie schwächer betheiligt sind, um schliesslich in der Generalsumme so erheblich hinter dem allgemeinen Durchschnitt der Kriminalität zurückzubleiben.

Die folgende Zusammenstellung stützt sich auf die Ergebnisse, welche in den Tabellen Seite 1—28 ermittelt worden sind; sie scheidet jene Tabellen für die eingehenderen prinzipiellen Erörterungen aus, welche einen Vergleich aus dem Grunde unmöglich machen, weil die Zahl der Strafthaten zu gering ist; als solche Tabellen wurden jene angesehen, bei denen die Zahl der jüdischen Strafthaten in 11 Jahren kleiner als eine Strafthat im Durchschnitt der Jahre war.

Die folgende Zusammenstellung giebt hingegen eine Rubricirung, die zunächst die einzelnen Kategorien vom Strafthaten zusammenfasst, die ein für die Juden ungünstiges Resultat ergeben.

Sodann folgen jene Kategorien, in denen die Kriminalität der Juden sich als normal erweist, mit zwei Unterabtheilungen.

a) Normal mit einer kleinen Tendenz zu Ungunsten der Juden.
b) Normal mit einer kleinen Tendenz zu Gunsten der Juden.

Als normal werden jene Ergebnisse bezeichnet, die in 11 Jahren zusammengenommen nach oben oder unten um weniger als $^1/_{10}$ pCt. von den Durchschnittszahlen abweichen.

Hierauf folgen jene Kategorien mit entschieden günstigem Ergebniss für die Juden.

Demnach ergiebt sich Folgendes:

A) Ausgeschieden wurden, weil die Zahlen zu klein sind, um Folgerungen zu gestatten:

Es wurden verurtheilt von 1882—1892.

	im Ganzen:	Juden	statt
1) Hochverrath und Landesverrath, feindliche Handlung gegen befreundete Staaten. Verbrechen und Vergehen in Bezug auf die Ausübung staatsbürgerlicher Rechte.	198	2	2,36
4b) Androhung eines gemeingefährlichen Vergehens.	683	0	8
4e) Vergehen gegen die Verordnungen bz. der Schifffahrt	905	0	11
4k) Ungesetzliche Trauung durch den Geistlichen und vorschriftswidrige Eheschliessung durch den Standesbeamten	517	0	6
6d) Andere Verletzungen der Eidespflicht	288	4	3,4
10a) Doppelehe	623	2	7
10c) Unzucht unter Missbrauch eines Vertrauensverhältnisses	456	3	5
13c) Tödtung auf Verlangen des Getödteten	10	0	0
13f) Aussetzung	491	4	6
14e) Vergiftung	123	1	2
15a) Menschenraub und Entführung	168	4	2
20c) Andere Fälle der Urkundenfälschung	478	5	6
24c) Vorsätzliche Gefährdung eines Eisenbahntransports	161	0	2
24h) Gefährdung durch Anwendung von Sprengstoffen und Vorbereitungshandlungen dazu	104	0	1
25b) Bestechung (passive)	568	2	7
	5773	27	69

B) Zusammenstellung der einzelnen für die Juden ungünstigen Rubriken:

Es wurden verurtheilt von 1882—1892.

	im Ganzen:	Juden	statt
4d) Verletzung der Wehrpflicht	202299	4006	2408
4g) Zuwiderhandlungen gegen die Vorschriften über die Beschäftigung von Arbeiterinnen, bezw. jugendlichen Arbeitern	2857	261	34
4h) Zuwiderhandlungen in Bezug auf Concessionspflicht etc. sowie gegen behördliche Anordnungen betreffs der Schutzvorrichtungen bei gewerblichen Anlagen	48617	1068	579
4i) Andere Vergehen gegen die Gewerbeordnung	3597	136	43
4l) Vergehen gegen die § 17—20, 22, 25, 28 des Gesetzes gegen die gemeingefährlichen Bestrebungen der Socialdemokratie	1531	24	18
4m) Vergehen gegen die Reichsgesetze No. 114, 121—7, 141—3, 147, 151 4.	6110	92	73
5b) Münzvergehen	868	25	10
6a) Meineid	9318	213	111
6b) Fahrlässiger falscher Eid	4533	96	54
6c) Verleitung zum Meineid oder falschen Eide	2614	74	31
7) Falsche Anschuldigung	5782	119	69
8) Vergehen, welche sich auf die Religion beziehen	3165	95	38
10f) Kuppelei	19817	275	236
10g) Aergerniss durch unzüchtige Handlungen, Verbreitung unzüchtiger Schriften	16203	273	193
11) Beleidigung	472204	8149	5622
12) Zweikampf	1149	73	14
15b) Widerrechtliche Freiheitsentziehung	2002	32	24
17b) Erpressung	5351	162	64

	im Ganzen:	Juden	statt
18c) Gewerbs- und gewohnheitsmässige Hehlerei	2233	124	27
18d) Hehlerei in wiederholtem Rückfall	452	15	5
19a) Betrug	151729	3775	1806
19c) Untreue und Pflichtwidrigkeiten des Vorstandes etc. einer Aktiengesellschaft, Kommanditgesellschaft auf Aktien, eingetragenen Genossenschaft, eingeschriebenen Hilfskasse, sowie Vergehen gegen das Bankgesetz	5327	99	63
19d) Verfälschung von Nahrungs- und Genussmitteln, Feilhalten verfälschter und verdorbener Genussmittel; Zuwiderhandlungen gegen das Gesetz betreffend den Verkehr mit Ersatzmitteln für Butter	6974	152	83
20a) Fälschung öffentlicher oder zum Beweise von Rechten dienender Urkunden	36079	750	429
20b) Unterdrückung von Urkunden	736	25	9
21a) Betrügerischer Bankerott	1714	191	20
21b) Einfacher Bankerott	5829	1116	69
21c) Andere Verbrechen und Vergehen in Bezug auf ein Concursverfahren	1067	66	13
22a) Vergehen in Bezug auf Glücksspiele und Lotterien	9374	300	112
22c) Verletzung fremder Geheimnisse	1455	51	17
22f) Wucher	547	100	6½
22h) Vergehen in Bezug auf das geistige Eigenthum	1033	110	12
24e) Wissentliche Verletzung von Absperrungsmassregeln bei Viehseuchen, insbesondere von Einfuhrverboten zur Abwehr der Rinderpest, sowie der Vorschriften über die Beseitigung von Ansteckungsstoffen bei Viehbeförderung auf Eisenbahnen	9136	276	109
24g) Herstellung und Feilhaltung gesundheitsschädlicher Nahrungs-, Genussmittel und Gebrauchsgegenstände	4986	236	59
25a) Bestechung (active)	5933	183	71
	1052021	22742	12531

C) Zusammenstellung der einzelnen für die Juden normalen Rubriken:

a. Mit kleiner Abweichung zu Ungunsten der Juden.

	Es wurden verurtheilt von 1882 1892.		
	im Ganzen:	Juden	statt
4f) Andere Verbrechen und Vergehen gegen Abschnitt VII sowie Vergehen gegen § 49a des St. G. B.	6240	77	74
5a) Münzverbrechen	1535	20	18
14f) Fahrlässige Körperverletzung	22175	276	204
22g) Andere Fälle des strafbaren Eigennutzes	1683	22	20

b. Mit kleiner Abweichung zu Gunsten der Juden.

13e) Abtreibung	2655	30	32
19b) Betrug in wiederholtem Rückfall	15583	176	186
	49871	601	594

D) Zusammenstellung der einzelnen für die Juden günstigen Rubriken

	Es wurden verurtheilt von 1882 1892.		
	im Ganzen:	Juden	statt
2) Beleidigung des Landesherrn. Beleidigung von Bundesfürsten	5117	49	61
3a) Gewalt und Drohungen gegen Beamte	140830	631	1676
3b) Befreiung von Gefangenen	9754	27	116

	im Ganzen:	Juden	statt
3c) Andere Fälle des Widerstandes gegen die Staatsgewalt	3649	12	43
4a) Hausfriedensbruch	172247	1369	2051
4c) Arrestbruch	22065	156	263
9) Verbrechen und Vergehen in Bezug auf den Personenstand	1150	7	14
10b) Blutschande	3667	7	44
10d) Widernatürliche Unzucht	4162	20	50
10e) Unzucht mit Gewalt, an Bewustlosen etc., an Kindern, Nothzucht, Verleitung zum Beischlaf durch Täuschung	33748	354	402
10h) Andere Vergehen gegen die Sittlichkeit	1722	17	21
13a) Mord	1411	2	17
13b) Todtschlag	1646	4	20
13d) Kindesmord	1945	5	23
13g) Fahrlässige Tödtung	6426	38	77
14a) Einfache Körperverletzung	213975	1910	2547
14b) Gefährliche Körperverletzung	589295	2377	7015
14c) Schwere Körperverletzung	6041	4	72
14d) Betheiligung an einer Schlägerei, welche Tod oder schwere Körperverletzung zur Folge hatte	1679	1	20
15c) Nöthigung und Bedrohung	69702	476	830
16a) Einfacher Diebstahl	799248	3222	9515
16b) Einfacher Diebstahl in wiederholtem Rückfall	126065	860	1501
16c) Schwerer Diebstahl	88219	326	1050
16d) Schwerer Diebstahl in wiederholtem Rückfall	28078	81	334
16e) Unterschlagung	170007	1736	2024
17a) Raub und räuberische Erpressung	4624	9	55
18a) Begünstigung	9976	70	118
18b) Einfache Hehlerei	81740	860	973
22b) Beseitigung von Vermögensstücken bei drohender Zwangsvollstreckung	3126	33	37
22c) Verletzung fremden Gebrauchs- oder Zurückbehaltungs-Rechtes	17922	148	213
22d) Jagd- und Fischerei Vergehen	75444	31	898
23) Sachbeschädigung	141565	463	1685
24a) Brandstiftung	5960	22	71
24b) Fahrlässige Inbrandsetzung	7044	62	84
24d) Fahrlässige Gefährdung eines Eisenbahntransportes	4253	6	51
24f) Andere gemeingefährliche Verbrechen und Vergehen	1122	4	13
25c) Unterschlagung im Amte	4645	7	55
25d) Andere Verbrechen und Vergehen im Amte	6133	12	73
	2865402	14918	34112

Die Tabellen weisen mit aller Klarheit ausserordentliche Unterschiede zwischen der Kriminalität der Juden und der Nicht-Juden auf. Es giebt ganze Vergehens- und Verbrechenscomplexe, bei denen die Juden ganz auffällig schwach, und andere, bei denen sie entsprechend stark betheiligt sind. Ist für diese Erscheinungen die Rasse, die sich nicht feststellen lässt, oder ist dafür die Religion verantwortlich zu machen?

Aber wäre dies selbst der Fall, so würde es sich immer noch fragen, ob die besondere Richtung, welche die kriminelle Ausschreitung bei den Juden nimmt, dem Staat als Gesammtheit gefährlicher ist, als die specielle Richtung der Kriminalität bei den Nicht-Juden; und überdies ist in Erinnerung zu behalten, dass die Gesammtsumme der Aburtheilungen der Juden gegenüber der Durchschnittszahl aller Verurtheilungen wesentlich zurückbleibt.

Allein man braucht gar nicht die Frage zu untersuchen, ob die geringe Betheiligung der

Juden bei Mord, Todtschlag, Diebstahl, einfacher und schwerer Körperverletzung, u. s. w. u. s. w. es aufzuwiegen vermag, dass die Juden bei anderen Delikten über die Normalzahlen hinaus betheiligt sind. Diese Fragestellung würde den Kern, der die Lösung enthält, gar nicht berühren.

Eines ist zweifellos: Soll eine bestimmte Kategorie der Bevölkerung Verurtheilte zu einer bestimmten Art von Delikten liefern, so muss diese Kategorie zunächst überhaupt in der Lage sein, jene Delikte begehen zu können. Oder anders ausgedrückt: Wenn nur ein bestimmter Beruf die Möglichkeit bietet, ein bestimmtes Delikt zu verüben, so werden überhaupt nur jene Kategorien der Bevölkerung für eine Bestrafung aus diesem Grunde in Betracht kommen können, die Vertreter zu jenem Berufe stellen.

Beispielsweise ist nicht ein einziger Jude verurtheilt worden wegen Vergehung gegen die Verordnungen bezüglich der Schifffahrt; diese Erscheinung wird man den Juden nicht besonders zu Gute zu rechnen haben; denn da die Zahl der Juden, welche bei der Ausübung der Schifffahrt betheiligt sind, eine verschwindend kleine ist, so ist es selbstverständlich, dass dementsprechend auch verschwindend klein nur die Möglichkeit für sie ist, gerade jene Gesetzesparagraphen, die sich nur auf die Schifffahrt beziehen, zu übertreten. Das wird man auf allen Seiten zugeben.

Und ganz ebenso unzweifelhaft ist es, dass bestimmte Berufe in viel höherem Grade die Möglichkeit und den Anreiz zu bestimmten Delikten bieten als andere Berufe. Tausende von Arbeitern und Tausende von ganz kleinen ländlichen Besitzern werden schwerlich je in die Versuchung kommen können, einen Wechsel zu fälschen, weil sie kaum wissen, was ein Wechsel ist, und weil sie kaum wissen würden, welche Manipulationen man bei Wechselfälschungen vorzunehmen hat; und hätten sie einen Wechsel gefälscht, so wären sie kaum in der Lage, das gefälschte Papier in vortheilhafter Weise für sich zu Gelde machen zu können; wie viel grösser ist in dieser Beziehung die Versuchung für den Kaufmann und Geschäftstreibenden, der über das Wissen und die Beziehungen verfügt, um bei verbrecherischer Anlage eine Wechselfälschung leicht begehen und ausnützen zu können. Mithin ist es ganz augenscheinlich, dass mangelnde Moralität und verbrecherische Anlage in zahlreichen Fällen die Richtung für ihre besondere Entwicklung durch den Beruf erhalten werden. Dass dem Berufe und dementsprechend der socialen Stellung bei allen Untersuchungen über die Kriminalität eine ganz besondere Aufmerksamkeit zugewandt werden muss, steht demnach fest und ist schon häufiger ausgesprochen worden.

Unter diesen Umständen wird es deutlich, welches Gewicht es hat, zum Vergleiche mit der jüdischen Kriminalität nicht die kriminellen Verhältnisse eines Landes überhaupt heranzuziehen, sondern nur die kriminellen Verhältnisse einer Bevölkerung, die überwiegend gleichen oder ähnlichen Berufen wie die Juden angehört. Das industriereiche Königreich Sachsen bietet in dieser Beziehung für die deutschen Verhältnisse zum Vergleiche den geeignetsten Maasstab gegenüber den Juden, die, durch die historische Entwicklung gezwungen, gleichfalls in überwiegender Anzahl kaufmännisch thätig sind.

Was zeigt sich nun im Königreich Sachsen (Vgl. S. 30 ff.)?

Von den 35 oben mitgetheilten verschiedenen Rubriken der Kriminalstatistik, die für die Juden ungünstig lauten, finden sich bei der Kriminalstatistik des Königreichs Sachsen nicht weniger als 18 Rubriken wieder, die genau dieselben Erscheinungen für die christlichen, dabei gleichfalls überwiegend kaufmännisch thätigen Sachsen erweisen. Zwei weitere Rubriken, die für die Sachsen und für die Juden nicht vollständig gleichartig sind, tragen gleichwohl zur Erhöhung der Aehnlichkeit des Bildes bei. Im Deutschen Reiche sind nämlich die Juden bei Münzvergehen über die Durchschnittszahl hinaus betheiligt; im Königreich Sachsen trifft für die nichtjüdische Bevölkerung dasselbe zu, aber nicht bei den leichten Münzvergehen, sondern bei den schweren Münzverbrechen. Und während die Juden in Deutschland nur bei dem einfachen Betrug über die Durchschnittszahl betheiligt sind, sind im Königreich Sachsen die Nicht-Juden ausser bei dem Betrug auch bei dem Betrug in wiederholtem Rückfalle stärker vertreten.

Soll man nun annehmen, dass die nichtjüdischen Einwohner des Königreichs Sachsen **eine besondere Neigung zu folgenden Gesetzesverletzungen haben:**

Zuwiderhandlungen gegen die Vorschriften über Beschäftigung von Arbeiterinnen bezw. jugendlichen Arbeitern;

Zuwiderhandlungen in Bezug auf Koncessionspflicht etc., sowie gegen behördliche Anordnungen betreffs der Sicherheitsvorrichtungen bei gewerblichen Anlagen;

andere Vergehen gegen die Gewerbeordnung;

Münzverbrechen;

Erpressung;

gewerbs- und gewohnheitsmässige Hehlerei;

Betrug;

Betrug im wiederholten Rückfalle;

Untreue und Pflichtwidrigkeiten des Vorstandes etc. einer Aktiengesellschaft, Kommanditgesellschaft auf Aktien, eingetragenen Genossenschaft, eingeschriebenen Hülfskasse, sowie Vergehen gegen das Bankgesetz (82, 115, 132, 150);

Fälschung öffentlicher oder zum Beweise von Rechten dienender Urkunden;

Unterdrückung etc. von Urkunden;

Betrügerischer Bankerott;

andere Verbrechen und Vergehen in Bezug auf ein Konkursverfahren;

Verletzung fremder Geheimnisse etc. etc.;

Wucher;

Bestechung (aktive).

Alle diese Gesetzesverletzungen charakterisiren sich ganz deutlich als solche, die zu begehen ein Anreiz vor Allem für Angehörige höherer socialer Schichten oder insbesondere des Handelsstandes vorliegen kann.

Ferner sind die nichtjüdischen Sachsen mit hohen Prozenten betheiligt bei folgenden Rubriken:

Kuppelei;

Aergerniss durch unzüchtige Handlungen, Verbreitung unzüchtiger Schriften etc.;

Vergehen in Bezug auf das geistige Eigenthum.

Auch diese drei Rubriken stellen entweder wie die letzten beiden vor Allem Buchhändlerdelikte dar, also wieder solche von Kaufleuten, oder wie die erste, Kuppelei, ein Delikt, das vor Allem von Stadtbewohnern begangen wird.

Für das überwiegend industrielle Königreich Sachsen, das dementsprechend auch überwiegend von Stadtbewohnern bevölkert ist, zeigen sich also Erscheinungen, die von denen der deutschen Kriminalität im Allgemeinen wesentlich abweichen; diese Abweichungen decken sich nicht vollkommen, aber doch wiederum ganz überwiegend mit Erscheinungen, welche die specielle Kriminalität der Juden aufweist. Da es eine Absurdität wäre, verwandte verbrecherische Neigungen bei den nichtjüdischen Einwohnern des Königreichs Sachsen und bei den deutschen Juden anzunehmen, so bleibt nur eine Folgerung übrig. Zwei Umstände haben diese in die Augen springende Verwandtschaft erzeugt:

dass die Einwohner des Königreichs Sachsen wie die Juden in hohem Maasse der kaufmännischen Thätigkeit im weitesten Sinne **obliegen** und weiter dass beide vor Allem Stadtbewohner sind.

Hält man diese beiden Thatsachen fest, so findet man für die eigenartigen Erscheinungen der Kriminalität der Juden in Bezug auf alle kaufmännischen Vergehen und Verbrechen den Schlüssel; und dieser Schlüssel ist in den einzelnen Fällen bei den Erläuterungen zu den folgenden Tabellen verwandt worden. Dann zeigt sich auch, dass jene ganze antisemitische Skala der sogenannten jüdischen Verbrechen und Vergehen als da sind: Zuwiderhandlungen gegen die Arbeiterschutzgesetze, Münzdelikte, Kuppelei, Erpressung, Hehlerei, Urkundenfälschung, Bankerott, Wucher etc. etc. nicht auf Rassen- oder Religionseigenthümlichkeiten, sondern auf die besondere Thätigkeit der

Juden in der Stadt zurückzuführen ist; und dass die christlichen Deutschen, sofern sie unter gleichen Bedingungen leben, verwandte Erscheinungen darbieten, wie dies die nichtjüdische Bevölkerung des Königreichs Sachsen erweist.

Man wird also bei der Beurtheilung der Kriminalität der Juden nie aus dem Auge lassen dürfen, dass die Berufsstatistik Preussens für das Jahr 1882 — die letzte und einzige Berufsstatistik, die vorliegt, — folgende Zahlen enthält:

Seelen in Preussen 1880			
überhaupt	27,279,111		
Juden	363,790	=	1,33 pCt.
Thätig im Beruf			
überhaupt	11,712,485		
Juden	137,138	=	1,17 pCt.

Rubrik XVIII 1, 2, 3, 4.		Handel.			
Selbständige überhaupt	272,589	Juden	45,728	=	16,75 pCt.
Gehilfen	216,524		28,050	=	12,9 pCt.

Diese Zahlen zeigen, wie eine historische Entwicklung, die bekannt genug ist, es herbeigeführt hat, dass die Juden bei der Handelsthätigkeit mit einem ganz anderen und weit höheren Procentsatz betheiligt sind, als es ihrem Verhältniss zur nichtjüdischen Bevölkerung überhaupt entspricht, und dass es daher auch nur natürlich ist, wenn die Juden zu den sogenannten kaufmännischen Delikten gleichfalls einen dementsprechend höheren Procentsatz stellen.

Man wird jedoch bei Heranziehung der Berufsstatistik im Auge behalten müssen, dass die Rubriken „Handel und Verkehr" derselben nicht identisch sind mit den Rubriken Handel und Verkehr bei der Kriminalstatistik. Es war ausserdem auch nur die preussische Berufsstatistik zu verwenden, während eine Kriminalstatistik bekanntlich für ganz Deutschland vorliegt. Diese zwei Umstände liessen es somit nicht zu, bis in's Einzelne die Berufsstatistik für die Kriminalstatistik zu verwerthen.

Ging das für Deutschland nicht, so ging es jedoch für Oesterreich. Dort decken sich die Rubriken der Kriminalstatistik vollkommen mit jenen der Berufsstatistik; dort haben überdies die Juden ihre charakteristischen Eigenschaften gewiss noch mit aller Schärfe bewahrt, und somit mussten die dortigen statistischen Ergebnisse gewissermaassen die letzte Bestätigung des oben vertretenen Standpunktes bringen, vorausgesetzt, dass er richtig war.

Aus diesem letzten Grunde wurde auch die österreichische Statistik mit herangezogen, und was ergiebt sie? (Vgl. S. 45ff.).

Da in Oesterreich der Religionsstand nur bei jenen Verbrechen in der Statistik angegeben ist, die mit Todesstrafe oder Kerker belegt sind, so können allein diese schweren Delikte zur Erörterung herangezogen werden. Die amtliche Statistik weist 42 Rubriken auf; davon sind 26 unbedingt zu Gunsten der Juden; darunter solche mit Verbrechen schwerer Art wie: Mord, Todtschlag, Brandlegung, Diebstahl, Raub. In einer Anzahl anderer Rubriken ist der Antheil der Juden mit kleinen Verschiebungen nach oben oder unten normal.

Endlich hat man noch auszuscheiden: Zweikampf, bei dem die Juden über die Verhältnisszahl auftreten, weil sie am Studium ziemlich stark procentuell betheiligt sind, und weil andererseits die antisemitische Strömung an den Hochschulen die Juden oft zwingt, sich ihre Stellung mit den Waffen zu wahren; hieraus geht auch hervor, dass der Vorwurf der Feigheit gegen sie mit Recht nicht erhoben werden kann.

Mit dieser Ausscheidung des Zweikampfes ergiebt sich, dass jede Rubrik, die einen Ueberschuss jüdischer Kriminalität aufweist, zugleich eine Rubrik ist, bei der der Kaufmannsstand gleichfalls hoch betheiligt ist. So:

Oeffentliche Gewaltthätigkeit durch Entführung:

Es entfallen auf Handel und Verkehr 57 Fälle gegen 22, die bei normaler Vertheilung entfallen dürften.
„   „   „   die Juden   39   „   „   11,5 „   „   „   „   „   „

XVI

Verleitung zum Missbrauch der Amtsgewalt:

Es entfallen auf Handel und Verkehr 53 Fälle gegen 13, die bei normaler Vertheilung entfallen dürften.
„   „   „   die Juden 44 „   „   7 „   „   „   „   „   „

Religionsstörung:

Es entfallen auf Handel und Verkehr 454 Fälle gegen 89, die bei normaler Vertheilung entfallen dürften.
„   „   „   die Juden 57 „   „   47 „   „   „   „   „   „

Veruntreuung:

Es entfallen auf Handel und Verkehr 2986 Fälle gegen 550, die bei normaler Vertheilung entfallen dürften.
„   „   „   die Juden 622 „   „   290,5 „   „   „   „   „   „

Betrug:

Es entfallen auf Handel und Verkehr 10560 Fälle gegen 2360, die bei normaler Vertheilung entfallen dürften.
„   „   „   die Juden 4015 „   „   1248 „   „   „   „   „   „

Verläumdung:

Es entfallen auf Handel und Verkehr 479 Fälle gegen 149, die bei normaler Vertheilung hätten entfallen dürfen.
„   „   „   die Juden 257 „   „   78,5 „   „   „   „   „   „

Es zeigt sich demnach bei Gewaltthätigkeit durch Entführung, bei Verleitung zum Missbrauch der Amtsgewalt eine stärkere Betheiligung der Juden; dagegen bei Religionsstörung, und — ganz entgegengesetzt zu den antisemitischen Behauptungen — auch bei Veruntreuung und Betrug eine zum Theil erheblich unter dem Durchschnitt bleibende Antheilnahme der Juden in Anbetracht ihrer Betheiligung an den unter Handel und Verkehr zusammengefassten Beschäftigungen.

Diesen keineswegs ungünstigen Erscheinungen in den einzelnen Rubriken entspricht es, dass die Gesammtsumme aller Verbrechen, die von Juden in den Jahren 1882—1891 in Oesterreich begangen worden sind, 11671 Fälle betrug, während es im Verhältniss zur Bevölkerungszahl hätten sein dürfen: 13837 Fälle; das ist ein Zurückbleiben hinter der Durchschnittszahl um 2166 Fälle; es kommt hinzu, dass die Kriminalität der Juden in Oesterreich seit 1882 beständig abgenommen hat und zwar von 1326 Fällen im Jahre 1882 auf 1022 Fälle im Jahre 1892, und dies trotz der Bevölkerungszunahme.

Diese Zahl zeigt zugleich, welche sittlichende Wirkung gerade auf die Juden die Ausbreitung der Kultur in Oesterreich hat, und es bleibt der Ausbreitung der Kultur in einzelnen Kronländern, vor Allem in Galizien, noch ein weiter Spielraum. Fasst man die Ergebnisse der österreichischen Statistik zusammen, so ergiebt sich Folgendes:

Die Generalsumme zeigt sich für die Beurtheilung der Juden durchaus günstig.

Die einzelnen Unterabtheilungen, bei denen die Juden in stärkerer Weise, als ihrer Vertretung in der Bevölkerung entsprechen würde, betheiligt sind, waren solche, die im Wesentlichen die Rubriken der kaufmännischen Delikte enthalten. Dies berücksichtigt, ergiebt sich, dass die Antheilnahme der Juden an diesen Delikten zwar Schwankungen gegenüber der Antheilnahme nichtjüdischer Kaufleute und Handeltreibender aufweist, bald etwas zu Gunsten, bald etwas zu Ungunsten der Juden, aber keine Abnormitäten. Endlich bildet die absolute und relative Abnahme der Kriminalität der Juden in Oesterreich eine besonders erfreuliche Erscheinung.

Vergegenwärtigt man sich die Erläuterungen, welche den Ergebnissen der deutschen Kriminalstatistik hinzugefügt worden sind, und vergleicht man damit die Ergebnisse aus dem Königreich Sachsen und aus dem österreichischen Kaiserstaat, so hat man eine Beweiskette, die an Schlüssigkeit schwerlich etwas zu wünschen übrig lässt.

Es bleibt noch die Frage zu erörtern übrig, bis zu welchem Grade die jüdische Kriminalität ein getreues Spiegelbild der thatsächlich von Juden begangenen Vergehen und Verbrechen darstellt.

Es ist selbstverständlich, dass die Kriminalstatistik immer nur annähernd den thatsächlich vorhandenen kriminellen Zustand einer Bevölkerung zur Darstellung bringt. Eine Anzahl von Vergehen und Verbrechen gelangen überhaupt nicht zur Aburtheilung, und in anderer Beziehung giebt es unschuldig Verurtheilte einerseits, und andererseits solche, die freigesprochen werden, weil die Beweislast gegen sie nicht ausgereicht hat, obgleich sie schuldig sind.

Man hat nun die Behauptung ausgesprochen, dass das Bild, welches die Kriminalität der Juden giebt, unter allen Umständen ein zu günstiges sei, weil es den Juden gelänge, in besonders hohem Prozentsatz Freisprechungen zu erzielen, wenngleich der Freigesprochene an und für sich als schuldig zu betrachten sei. Gewandtheit, Verschlagenheit und die Hülfe guter Rechtsanwälte sollen dieses Ergebnis angeblich herbeiführen.

Auch dieser Punkt ist in den nachfolgenden Untersuchungen über die Freisprechungen im Deutschen Reiche klarzustellen versucht worden, und auch diese Untersuchung führt zu einer Bestätigung jener Feststellungen, welche die vorliegende statistische Darstellung überhaupt aufweist.

Der Umfang dieser Arbeit wäre zu gross geworden, wenn für jede einzelne der 98 Positionen der deutschen Kriminal-Statistik ermittelt worden wäre, wie sich der Prozentsatz der Freisprechungen von Juden zu dem Prozentsatz der Freisprechungen von Nicht-Juden stellt.

Es sind in dieser Beziehung nur Stichproben gemacht worden und zwar gerade bei jenen Rubriken, welche für die Kriminalität der Juden besonders in's Gewicht fallen. Es wurden alsdann die jüdischen Freisprechungen mit jenen solcher anderen sozialen Schichten verglichen, die intellectuell und durch ihre Vermögenslage für ihre Vertheidigung in verwandter Weise wie die Juden wohl sorgen können.

Vor Allem mussten daher herangezogen werden die Selbständigen in Handel und Verkehr, zu denen die Juden einen nicht unwesentlichen Procentsatz stellen. Alsdann wurden aber auch die Selbständigen in der Landwirthschaft, zu denen die Juden nur ein ganz geringes Kontingent stellen, berücksichtigt.

Es ergab sich hieraus, dass sowohl die Selbständigen in der Landwirthschaft wie die Selbständigen in Handel und Verkehr, wie die Juden, und zwar jeder für sich in weit höherem Prozentsatz an den Freisprechungen betheiligt sind, als es gegenüber der Gesammtheit der erzielten Freisprechungen hätte sein dürfen (Vgl. S. 37 ff.).

Die Ursachen dieser Erscheinung lassen sich leicht erkennen. Zunächst liegt zu falschen Denunziationen ein besonderer Anreiz gegenüber jenen socialen Schichten vor, die in höherem Grade den Neid zu erregen in der Lage sind. Neben allen anderen Motiven ist dieses Motiv ein weiteres und besonderes, das die unbegründeten Anklagen gegen die besser situirten Schichten hinaufzurücken geeignet ist. Sowohl die Selbständigen in Handel und Verkehr wie die Selbständigen in der Landwirthschaft waren daher diesen Gefahren stärker ausgesetzt. Und da auch die Juden einen nicht unerheblichen Prozentsatz zu den Mittelständen stellen, so mussten auch bei ihnen sich ähnliche Erscheinungen zeigen, wie bei jenen anderen. Will man nun nicht annehmen, dass die Selbständigen in der Landwirthschaft, wie die Selbständigen im Handel und Verkehr im allgemeinen eine besondere Beanlagung haben, durch Winkelzüge trotz ihrer Schuld eine Freisprechung zu erzielen, so ergiebt sich, dass wesentlich die sociale Stellung diese Wirkung herbeiführt. Die eigene grössere Intelligenz und die Vermögenslage, die es gestattet, einen guten Rechtsanwalt zu gewinnen, führt gleichfalls dazu, dass die Freisprechungen bei den social günstiger gestellten Schichten im Verhältniss wesentlich zahlreicher sind, als die Freisprechungen innerhalb der Gesammtheit der Bevölkerung, die zum grossen Theil aus Elementen besteht, welche weder selbst, noch durch einen Anwalt ihre Vertheidigung geschickt zu führen vermögen.

Ausserdem wird man zugeben, dass auch die antisemitische Strömung einen besonderen Anreiz ausgeübt hat, mit allerlei schlecht fundirten Anklagen gegen Juden hervorzutreten. Die Agitationen der antisemitischen Presse haben den Volksleidenschaften eine Richtung gegeben, die zu einem solchen Zielpunkt nur allzuleicht führen musste. Auch diesen Gesichtspunkt wird man nicht aus dem Auge lassen dürfen, wenn man die Statistik der jüdischen Freisprechungen betrachtet.

Immerhin bleibt bei der Erklärung der grösseren Anzahl der jüdischen Freisprechungen das Entscheidende: die sociale Stellung der Juden, wie dasselbe Ergebniss aus den gleichen Ursachen bei den Selbständigen in der Landwirthschaft und im Handel und Verkehr hervorgewachsen ist.

Die amtliche Statistik, welche die Freisprechungen nur von 1882—1890 giebt, zeigt im Einzelnen folgendes Bild:

Sämmtliche Verbrechen und Vergehen von 1882–1890.

Gegenüber der Gesammtheit:

	aller Verurtheilten	der verurtheilten Selbständigen in Landwirthschaft	der verurtheilten Selbständigen in Handel und Verkehr	der verurtheilten Juden
freigesprochen:	19 pCt.	29 pCt.	27 pCt.	29 pCt.

I. Verbrechen und Vergehen gegen Staat, öffentliche Ordnung und Religion.

Gegenüber der Gesammtheit:

	aller Verurtheilten	der verurtheilten Selbständigen in Landwirthschaft	der verurtheilten Selbständigen in Handel und Verkehr	der verurtheilten Juden
freigesprochen:	12 pCt.	26 pCt.	14 pCt.	15 pCt.

II. Verbrechen und Vergehen gegen die Person.

Gegenüber der Gesammtheit:

	aller Verurtheilten	der verurtheilten Selbständigen in Landwirthschaft	der verurtheilten Selbständigen in Handel und Verkehr	der verurtheilten Juden
freigesprochen:	21 pCt.	27 pCt.	26 pCt.	29 pCt.

III. Verbrechen und Vergehen gegen das Vermögen.

Gegenüber der Gesammtheit:

	aller Verurtheilten	der verurtheilten Selbständigen in Landwirthschaft	der verurtheilten Selbständigen in Handel und Verkehr	der verurtheilten Juden
freigesprochen:	19 pCt.	33 pCt.	34 pCt.	35 pCt.

IV. Verbrechen und Vergehen im Amte.

Gegenüber der Gesammtheit:

	aller Verurtheilten	der verurtheilten Selbständigen in Landwirthschaft	der verurtheilten Selbständigen in Handel und Verkehr	der verurtheilten Juden
freigesprochen:	17 pCt.	23 pCt.	16 pCt.	21 pCt.

10g. Verbreitung unzüchtiger Schriften.

Gegenüber der Gesammtheit:

	aller Verurtheilten	der verurtheilten Selbständigen in Landwirthschaft	der verurtheilten Selbständigen in Handel und Verkehr	der verurtheilten Juden
freigesprochen:	18 pCt.	22 pCt.	26 pCt.	28 pCt.

16e. Unterschlagung.
Gegenüber der Gesammtheit:

	aller Verurtheilten	der verurtheilten Selbständigen in Landwirthschaft	der verurtheilten Selbständigen in Handel und Verkehr	der verurtheilten Juden
freigesprochen:	18 pCt.	33 pCt.	35 pCt.	35 pCt.

17b. Erpressung.
Gegenüber der Gesammtheit:

	aller Verurtheilten	der verurtheilten Selbständigen in Landwirthschaft	der verurtheilten Selbständigen in Handel und Verkehr	der verurtheilten Juden
freigesprochen:	31 pCt.	45 pCt.	41 pCt.	47 pCt.

19a. Betrug.
Gegenüber der Gesammtheit:

	aller Verurtheilten	der verurtheilten Selbständigen in Landwirthschaft	der verurtheilten Selbständigen in Handel und Verkehr	der verurtheilten Juden
freigesprochen:	23 pCt.	41 pCt.	40 pCt.	42 pCt.

20a. Urkundenfälschung.
Gegenüber der Gesammtheit:

	aller Verurtheilten	der verurtheilten Selbständigen in Landwirthschaft	der verurtheilten Selbständigen in Handel und Verkehr	der verurtheilten Juden
freigesprochen:	12 pCt.	20 pCt.	20 pCt.	20 pCt.

22h. Vergehen in Bezug auf das geistige Eigenthum.
Gegenüber der Gesammtheit:

	aller Verurtheilten	der verurtheilten Selbständigen in Landwirthschaft	der verurtheilten Selbständigen in Handel und Verkehr	der verurtheilten Juden
freigesprochen:	46 pCt.	33$^{1}/_{3}$ pCt.	50 pCt.	54 pCt.

24e. Verletzung von Absperrungsmassregeln bei Viehseuchen.
Gegenüber der Gesammtheit:

	aller Verurtheilten	der verurtheilten Selbständigen in Landwirthschaft	der verurtheilten Selbständigen in Handel und Verkehr	der verurtheilten Juden
freigesprochen:	26 pCt.	27 pCt.	39 pCt.	43 pCt.

Auch diese Ermittlungen zeigen zwar, dass die Zahl der jüdischen Freisprechungen gegenüber der Zahl der Freisprechungen der Selbständigen in Landwirthschaft und in Handel und Verkehr kleine Schwankungen und Abweichungen aufweist, aber niemals solche Abweichungen, die nicht deutlich erkennen liessen, dass auch in Bezug auf die Freisprechungen das allgemeine Gesetz seine Gültigkeit hat:

Nicht die Religion und nicht die nationale Eigenthümlichkeit sind für die kriminellen Verhältnisse der Juden in Deutschland das Entscheidende, sondern ganz überwiegend die sociale Stellung und die sociale Bethätigung.

Wenn man diese Behauptung, deren Richtigkeit nach den verschiedensten Seiten hin geprüft worden ist, festhält, so zerfallen die antisemitischen Deductionen in Nichts. Es zeigt sich zwar, dass eine durch die historischen Verhältnisse erzwungene Sonderstellung der Juden auch eine gewisse Wirkung auf ihren Antheil an der Kriminalität ausübt; für den vorurtheilslosen Beobachter ist eine solche Erscheinung selbstverständlich; aber eine besondere Neigung und Veranlagung der Juden zur Verletzung der Gesetze ist in keiner Weise zu erhärten.

Die unparteiische Beurtheilung seitens der Nicht-Juden wird dies anerkennen müssen, und auch die Juden selbst, die so vielfach sich in völliger Unkenntniss über die thatsächlichen Verhältnisse befinden, in denen sie leben, werden aus den obigen Ermittlungen Klarheit über die Kriminalität ihrer eigenen Glaubensgenossen schöpfen können.

Vor Allem der Ausblick in die Zukunft erscheint alsdann auf dem Gebiet der Kriminalität für die Juden keineswegs düster.

Es hat sich für die so vielfach auf niederer Kulturstufe stehenden österreichischen Juden gezeigt, dass ihr Antheil an der Kriminalität beständig gesunken ist; die entsprechenden Zahlen lauten:

	1882	1883	1884	1885	1886	1887	1888	1889	1890	1891
Juden:	1326	1229	1246	1249	1239	1204	1096	991	1069	1022

Und in Deutschland sind die Verhältnisse in ähnlicher Weise günstig.

Es wurden verurtheilt:

	1882	1883	1884	1885	1886	1887	1888	1889	1890	1891	1892
Juden:	3493	3478	3487	3241	3399	3428	3447	3480	3546	3488	3801

Dabei ist wiederum trotz der Bevölkerungszunahme in nur zwei Jahren ein Hinausgehen über die Zahlen des Jahres 1882 zu bemerken; im übrigen bleiben die Zahlen in 6 Jahren so gut wie stationär und sanken in zwei Jahren nicht unwesentlich gegenüber dem Jahre 1882.

Um so bedeutungsvoller aber sind die Zahlen für Deutschland, weil unter Berücksichtigung der entsprechenden Bevölkerungszunahme die Bestrafungen der Nicht-Juden um 28 pCt. gewachsen sind und die der Juden nur um 8 pCt.

Ein Theil der Bevölkerung, bei dem sich solche Erscheinungen zeigen, birgt keine Gefahr für die Kultur.

Zu pessimistischer Muthlosigkeit liegt also gewiss keine Veranlassung vor; aber freilich ebensowenig erwünscht könnte es sein, wenn die vorliegende Arbeit ein selbstgefälliges Gehenlassen bei unseren Glaubensgenossen zeitigen würde. Die Arbeit sollte geeignet sein, durch ihr Beweismaterial Vorurtheile zu zerstreuen; aber sie sollte unsere Glaubensgenossen auch anregen, dort mit aller Energie durch Erziehung und durch socialen Einfluss einzugreifen, wo Schäden in den eigenen Reihen zu beseitigen bleiben.

BERLIN, im Dezember 1895.

Im Auftrage:
Dr. P. Nathan.

Die Kriminalität

der

christlichen und der jüdischen Bewohner

Deutschlands.

1. Hochverrath und Landesverrath. Feindliche Handlungen gegen befreundete Staaten. Verbrechen und Vergehen in Bezug auf die Ausübung staatsbürgerlicher Rechte.

In den Jahren	Verurtheilungen											Summa	Nach dem Procentsatz der jüdischen Bevölkerung hatten es sein dürfen:	Nimmt man die Sollzahl der auf die Juden entfallenden Verurtheilungen mit 1 an, so wurden thatsächlich Juden verurtheilt:
	1882	1883	1884	1885	1886	1887	1888	1889	1890	1891	1892			
Ueberhaupt	19	13	18	18	7	28	24	2	30	19	20	198		
Juden	—	—	1	—	—	1	—	—	—	—	—	2	2,36	0,85

In 11 Jahren zwei Verurtheilungen. Die eine Verurtheilung, verhängt wegen unbefugter Ausübung staatsbürgerlicher Rechte, besteht in Gefängnißstrafe unter 3 Monaten. Also wegen Hoch- und Landesverrath und feindlicher Handlungen gegen befreundete Mächte wurde in 11 Jahren 1 Jude bestraft.

2. Beleidigung des Landesherrn. Beleidigung von Bundesfürsten.

In den Jahren	Verurtheilungen											Summa	Nach dem Procentsatz der jüdischen Bevölkerung hatten es sein dürfen:	Nimmt man die Sollzahl der auf die Juden entfallenden Verurtheilungen mit 1 an, so wurden thatsächlich Juden verurtheilt:
	1882	1883	1884	1885	1886	1887	1888	1889	1890	1891	1892			
Ueberhaupt	430	389	381	375	402	540	554	488	509	524	525	5117		
Juden	4	7	7	4	3	8	5	3	2	3	3	49	61	0,80

Statt 61 Verurtheilungen entsprechend dem Bevölkerungsverhältniß thatsächlich 49 Verurtheilungen von Juden.

3a. Gewalt und Drohungen gegen Beamte.

In den Jahren	Verurtheilungen											Summa	Nach dem Procentsatz der jüdischen Bevölkerung hatten es sein dürfen:	Nimmt man die Sollzahl der auf die Juden entfallenden Verurtheilungen mit 1 an, so wurden thatsächlich Juden verurtheilt:
	1882	1883	1884	1885	1886	1887	1888	1889	1890	1891	1892			
Ueberhaupt	11948	11859	12462	12507	13127	13447	12387	12713	13138	13268	13985	140830		
Juden	63	68	58	61	48	63	60	59	61	46	44	631	1676	0,39

Statt 1676 Verurtheilungen entsprechend dem Bevölkerungsverhältniß thatsächlich nur 631 Verurtheilungen von Juden.

3b. Befreiung von Gefangenen.

In den Jahren	Verurtheilungen											Summa	Nach dem Procentsatz der jüdischen Bevölkerung hatten es sein dürfen:	Nimmt man die Sollzahl der auf die Juden entfallenden Verurtheilungen mit 1 an, so wurden thatsächlich Juden verurtheilt:
	1882	1883	1884	1885	1886	1887	1888	1889	1890	1891	1892			
Ueberhaupt	650	732	804	915	858	897	867	920	1037	988	1086	9754		
Juden	3	3	4	3	3	1	2	2	4	—	2	27	116	0,23

Statt 116 Verurtheilungen entsprechend dem Bevölkerungsverhältniß thatsächlich nur 27 Verurtheilungen von Juden.

3c. Andere Fälle des Widerstandes gegen die Staatsgewalt.

In den Jahren	Verurtheilungen											Summa	Nach dem Procentsatz der jüdischen Bevölkerung hätten es sein dürfen:	Nimmt man die Sollzahl der auf die Juden entfallenden Verurtheilungen mit 1 an, so wurden thatsächlich Juden verurtheilt:
	1882	1883	1884	1885	1886	1887	1888	1889	1890	1891	1892			
Ueberhaupt	310	245	294	280	313	342	261	327	483	427	367	3649		
Juden	1	—	1	4	1	—	—	—	2	—	3	12	43	0,28

Statt 43 Verurtheilungen entsprechend dem Bevölkerungsverhältniß thatsächlich nur 12 Verurtheilungen von Juden.

Die Positionen 3a, 3b und 3c zusammengenommen umfassen den Abschnitt des Strafgesetzbuches über den „Widerstand gegen die Staatsgewalt". Statt 1835 Verurtheilungen entsprechend dem Bevölkerungsverhältniß entfallen thatsächlich auf die Juden nur 670 Verurtheilungen. Ein bemerkenswerth günstiges Verhältniß.

4a. Hausfriedensbruch.

In den Jahren	Verurtheilungen											Summa	Nach dem Procentsatz der jüdischen Bevölkerung hätten es sein dürfen:	Nimmt man die Sollzahl der auf die Juden entfallenden Verurtheilungen mit 1 an, so wurden thatsächlich Juden verurtheilt:
	1882	1883	1884	1885	1886	1887	1888	1889	1890	1891	1892			
Ueberhaupt	13820	13306	15953	14855	15983	15969	14851	16244	17104	17031	17725	172247		
Juden	140	133	130	138	120	101	112	107	144	126	118	1369	2051	0,67

Statt 2051 Verurtheilungen entsprechend dem Bevölkerungsverhältniß thatsächlich nur 1369 Verurtheilungen von Juden.

4b. Androhung eines gemeingefährlichen Verbrechens.

In den Jahren	Verurtheilungen											Summa	Nach dem Procentsatz der jüdischen Bevölkerung hätten es sein dürfen:	Nimmt man die Sollzahl der auf die Juden entfallenden Verurtheilungen mit 1 an, so wurden thatsächlich Juden verurtheilt:
	1882	1883	1884	1885	1886	1887	1888	1889	1890	1891	1892			
Ueberhaupt	108	74	82	70	72	64	57	37	46	40	33	683		
Juden	—	—	—	—	—	—	—	—	—	—	—	—	8	0,00

Statt 8 Verurtheilungen entsprechend dem Bevölkerungsverhältniß thatsächlich gar keine Verurtheilung von Juden.

4c. Arrestbruch.

In den Jahren	Verurtheilungen											Summa	Nach dem Procentsatz der jüdischen Bevölkerung hätten es sein dürfen:	Nimmt man die Sollzahl der auf die Juden entfallenden Verurtheilungen mit 1 an, so wurden thatsächlich Juden verurtheilt:
	1882	1883	1884	1885	1886	1887	1888	1889	1890	1891	1892			
Ueberhaupt	2483	2026	2093	1803	1801	2026	2110	2099	1920	1726	1978	22065		
Juden	17	19	19	13	12	12	9	14	11	15	15	156	263	0,59

Statt 263 Verurtheilungen entsprechend dem Bevölkerungsverhältniß thatsächlich nur 156 Verurtheilungen von Juden.

4d. Verletzung der Wehrpflicht.

In den Jahren	Verurtheilungen											Summa	Nach dem Procentsatz der jüdischen Bevölkerung hatten es sein dürfen:	Nimmt man die Sollzahl der auf die Juden entfallenden Verurtheilungen mit 1 an, so wurden thatsächlich Juden verurtheilt:
	1882	1883	1884	1885	1886	1887	1888	1889	1890	1891	1892			
Ueberhaupt	14119	16032	17485	17965	19580	20168	21421	19683	19287	17824	16735	202299		
Juden	281	380	402	362	390	431	429	338	386	294	313	4006	2408	1,66

Diese Strafthat verdient eine eingehendere Besprechung. Die entscheidenden Ausführungen liefert die amtliche Statistik selbst. Es heißt in der Statistik des Deutschen Reiches im 30. Bande Seite II 8 u. 9:

„Um die Bedeutung dieser Zahlen richtig zu beurtheilen, muß man sich nun vergegenwärtigen, daß dadurch die Fälle nachgewiesen werden, in denen eine Verurtheilung stattfand nach Maßgabe des vierten Abschnittes des sechsten Buches der Strafprozeßordnung (§ 470 und 476), das von dem Verfahren gegen Abwesende, welche sich der Wehrpflicht entzogen haben, handelt. Hierbei erfolgt die Anklage auf Grund einer Erklärung der mit der Kontrole der Wehrpflichtigen beauftragten Behörde (Ersatzkommission), die dahin geht,

daß der Wehrpflichtige sich zu den angeordneten Revisionen nicht gestellt hat, daß der Aufenthalt desselben im Deutschen Reich nicht ermittelt worden ist, daß der angestellten Erkundigung ungeachtet sich keine Umstände ergeben haben, welche die Annahme ausschließen, daß der Wehrpflichtige, um sich dem Eintritt in den Dienst des stehenden Heeres oder der Flotte zu entziehen, ohne Erlaubniß entweder das Bundesgebiet verlassen habe oder nach erreichtem militärpflichtigen Alter im Auslande verblieben sei.

Erstens sind diese Zahlen durchweg höher, als die der wirklich zum Militärdienst Verpflichteten, die sich ihm entzogen haben; denn die Verurtheilung gründet sich auf die Listenführung, wie sie durch § 43 fg. der Ersatzordnung vorgeschrieben ist. Es liegt aber in der Natur der Sache, daß in diesen Listen eine Anzahl von Personen steht, welche schon gestorben, sowie solcher, welche in Deutschland nicht gestellungspflichtig sind. Daß Gestorbene in den Listen erscheinen, ist unvermeidlich; denn wenn auch Vorsorge getroffen ist, daß die auf Grund der Geburtslisten gemachten Aufstellungen mit den aus den Sterbelisten der Zivilstandsämter geschöpften Nachrichten verglichen und demnach berichtigt werden, so ist es doch bei der heutigen Beweglichkeit der Bevölkerung selbstverständlich, daß diese Kontrole keine vollständige sein kann. Ebenso ist es klar, daß es zahlreiche Fälle geben muß, in denen Personen, die als Knaben mit ihren Eltern ausgewandert sind, mit diesen die deutsche Staatsangehörigkeit rechtsgültig verloren haben (nach § 21 des Gesetzes vom 1. Juni 1870 über den Erwerb und Verlust der Reichsangehörigkeit und insbesondere nach dem sogenannten Bankroft Vertrage mit den Vereinigten Staaten vom Jahre 1868) und im Auslande verweilen, doch seiner Zeit als Militärpflichtige in den Listen erscheinen, weil die Thatsache, daß sie nunmehr nicht in Deutschland gestellungspflichtig sind, nicht zur Kenntniß der die Listen führenden Beamten kam. — Also, erstens sind die in Rede stehenden Zahlen zu hoch; um wieviel zu hoch, läßt sich natürlich nicht sagen.

Zweitens kommt ein bedeutender Bruchtheil der Verurtheilten auf Personen, welche die Heimath schon im frühen Alter verlassen haben, und zwar handelt es sich bei jedem Jahrgange von Verurtheilten um 22 Jahrgänge von Auswanderern. Denn nach § 46⁰ der Ersatzordnung wird das Verfahren gegen diejenigen wehrpflichtigen Personen eingeleitet, welche „bis zur Beendigung ihres dritten Militärpflichtjahres unermittelt geblieben sind oder das Gebiet des Deutschen Reiches ohne Erlaubniß verlassen haben". Es können und müssen darunter also selbst solche sein, die schon im ersten Lebensjahre ins Ausland verbracht wurden und dort verblieben sind.

Dieser Umstand aber, daß die in einem Jahre Verurtheilten aus so vielen vorhergehenden Altersjahren stammen, ist auch auf die Schwankungen der Jahresziffern der Verurtheilten ohne Einfluß. Diese Jahresziffern können, wie es von 1880 bis 1886 der Fall war, zunehmend sein, während die Auswanderung selbst abnimmt, wie es für die überseeische Auswanderung derselben Jahre thatsächlich der Fall war. Es spiegeln sich eben in jenen Ziffern die früheren Schwankungen der Auswanderung ab, und zwar dürfte das Anwachsen der Verurtheilten von 1880—6 vornehmlich dem Anwachsen der überseeischen

Auswanderung von 1877—81 zuzuschreiben sein. Bei der männlichen Bevölkerung nämlich liegt der Höhepunkt der Auswanderung in den Altersjahren 17 und 18, also wird man in den Auswanderungsnachweisen etwa vier bis fünf Jahre zurückgreifen müssen, bei 1886 etwa auf 1881, um denjenigen Auswandererjahrgang zu finden, aus dem vermuthlich ein bedeutender Theil des betreffenden Jahrganges von Verurtheilten der in Rede stehenden Kategorie stammt. Für die Zahlen der Verurtheilten aus den Jahren 1882 bis 1886 bilden also die Parallelreihe die Auswandererzahlen etwa der Jahre 1877 bis 1881. Nun betrug die Auswanderung im Jahre 1877: 22, im Jahre 1881: 210 Tausend Köpfe (darunter rund 13 bezw. 123 Tausend männliche Personen). Diese steigende Reihe spiegelt sich in der gleichfalls steigenden Reihe von Verurtheilten der Jahre 1882—86 wieder; aber selbstverständlich in viel geringerem Maße, weil eben auf jeden Jahrgang von Verurtheilten 22 Jahrgänge von Auswanderern mit einwirken. Seit den Jahren 1882—6 hat dann die Auswanderung wieder abgenommen, und es ist daher wahrscheinlich, daß in einem der nächsten oder schon im nächsten Jahre auch die Zahl der wegen Verletzung der Wehrpflicht Verurtheilten wieder abnehmen wird.

Hiernach dürfte es klar sein, daß an die jährlichen Zahlen dieser Verurtheilten Schlußfolgerungen auf die Kriminalität in dem Sinne, wie es bezüglich der anderen Deliktsarten zulässig ist, insbesondere hier auf die Gründe, welche zu dieser Gesetzesverletzung verleiten, nämlich auf die Unzufriedenheit mit den heimischen Zuständen oder auch nur auf die Häufigkeit der wirklich vorhandenen Abneigung gegen den Militärdienst nicht geknüpft werden dürfen.

Wir haben diesen Ausführungen nur hinzuzufügen, daß die stärkere Betheiligung der Juden an diesem Delikt sich aus ihrer stärkeren Auswanderung erklärt. Sie sind 5fach stärker, als es ihre Seelenzahl mit sich bringen würde, an der Auswanderung betheiligt; es hat also nichts auffallendes, daß sie bei diesem Vergehen mit 4006 Fällen gegen prozentuell 2408 betheiligt sind. Auf eine stärkere Abneigung gegen die Wehrpflicht kann man nach den obigen amtlichen Auslassungen keinesfalls schließen.

4e. Vergehen gegen die Verordnungen bezüglich der Schiffahrt.

In den Jahren	Verurtheilungen											Summa	Nach dem Procentsatz der jüdischen Bevölkerung hatten es sein dürfen:	Nimmt man die Sollzahl der auf die Juden entfallenden Verurtheilungen mit 1 an, so wurden thatsächlich Juden verurtheilt:
	1882	1883	1884	1885	1886	1887	1888	1889	1890	1891	1892			
Ueberhaupt	189	126	99	62	85	95	46	53	53	45	52	905		
Juden	—	—	—	—	—	—	—	—	—	—	—	—	11	0,00

Da die Juden in diesem Berufszweige selten vertreten sind, erklärt sich, daß sie auch bei Bestrafungen in Ausübung dieses Berufes nicht betheiligt sind.

4f. Andere Vergehen und Verbrechen gegen Abschnitt VII, sowie Vergehen gegen § 49a des Str. G. B.

In den Jahren	Verurtheilungen											Summa	Nach dem Procentsatz der jüdischen Bevölkerung hatten es sein dürfen:	Nimmt man die Sollzahl der auf die Juden entfallenden Verurtheilungen mit 1 an, so wurden thatsächlich Juden verurtheilt:
	1882	1883	1884	1885	1886	1887	1888	1889	1890	1891	1892			
Ueberhaupt	541	470	490	482	578	562	616	747	681	543	530	6240		
Juden	6	21	6	5	3	3	10	4	3	9	7	77	74	1,04

Es handelt sich hier um Verbrechen und Vergehen gegen die öffentliche Ordnung, sowie um Aufforderung zur Begehung oder zur Theilnahme an der Begehung eines Verbrechens, sowie um die Verabredung, an einem Verbrechen theilnehmen zu wollen. Drei Verurtheilungen mehr in 11 Jahren sind kaum als eine Verschiebung der Durchschnittszahl zu betrachten.

4g. Zuwiderhandlungen gegen die Vorschriften über die Beschäftigung von Arbeiterinnen, sowie jugendlichen Arbeitern.

In den Jahren	Verurtheilungen											Summa	Nach dem Procentsatz der jüdischen Bevölkerung hatten es sein dürfen:	Nimmt man die Sollzahl der auf die Juden entfallenden Verurtheilungen mit 1 an, so wurden thatsächlich Juden verurtheilt:
	1882	1883	1884	1885	1886	1887	1888	1889	1890	1891	1892			
Ueberhaupt	116	223	133	139	210	261	317	343	415	355	345	2857		
Juden	6	18	10	20	25	26	37	29	31	26	33	261	34	7,67

Statt 34 Verurtheilungen entsprechend dem Bevölkerungsverhältniß thatsächlich 261 Verurtheilungen von Juden.

Es fragt sich: Ist die starke Betheiligung der Juden an diesem Vergehen auf Religion, Race oder Beruf zurückzuführen?

Die Antwort ertheilt das Königreich Sachsen, das fast „judenrein" ist, aber überwiegend von einer Industrie treibenden Bevölkerung bewohnt ist.

Von Christen im Königreich Sachsen wurden wegen Zuwiderhandlungen gegen die Vorschriften über Beschäftigung von Arbeiterinnen und jugendlichen Arbeitern 665 Personen bestraft; es hätten im Verhältniß zur Bevölkerung des Deutschen Reiches 193 Personen sein sollen. Also gleichfalls eine starke Ueberschreitung der Durchschnittszahlen wie bei den Juden, entsprechend der überwiegend industriellen Beschäftigung der christlichen Sachsen. Vergleiche weiter Seite 32.

4h. Zuwiderhandlungen in Bezug auf Konzessionspflicht ꝛc., sowie gegen behördliche Anordnungen betreffs der Schutzvorrichtungen bei gewerblichen Anlagen.

In den Jahren	Verurtheilungen											Summa	Nach dem Procentsatz der jüdischen Bevölkerung hatten es sein dürfen:	Nimmt man die Sollzahl der auf die Juden entfallenden Verurtheilungen mit 1 an, so wurden thatsächlich Juden verurtheilt:
	1882	1883	1884	1885	1886	1887	1888	1889	1890	1891	1892			
Ueberhaupt	3816	3293	3289	3592	4172	4531	4669	5391	5061	5239	5564	48617		
Juden	112	91	85	87	96	107	95	103	104	105	83	1068	579	1,84

Statt 579 Verurtheilungen entsprechend dem Bevölkerungsverhältniß thatsächlich 1068 Verurtheilungen von Juden.

Zieht man wiederum das Königreich Sachsen zum Vergleich heran, so ergiebt sich: Von Christen im Königreich Sachsen wurden unter der gleichen Position bestraft 12683 Personen; es hätten im Verhältniß zur Bevölkerung des Deutschen Reiches 3282 Personen sein sollen. Also wiederum eine ganz verwandte Erscheinung, wie bei den Juden. Vergleiche weiter Seite 32.

4i. Andere Vergehen gegen die Gewerbeordnung.

In den Jahren	Verurtheilungen											Summa	Nach dem Procentsatz der jüdischen Bevölkerung hatten es sein dürfen:	Nimmt man die Sollzahl der auf die Juden entfallenden Verurtheilungen mit 1 an, so wurden thatsächlich Juden verurtheilt:
	1882	1883	1884	1885	1886	1887	1888	1889	1890	1891	1892			
Ueberhaupt	62	74	76	133	188	169	196	364	400	199	1736	3597		
Juden	3	4	2	1	6	10	4	6	12	1	87	136	43	3,16

Statt 43 Verurtheilungen entsprechend dem Bevölkerungsverhältniß thatsächlich 136 Verurtheilungen von Juden.

Wiederum zeigt ein Vergleich mit dem Königreich Sachsen, daß daselbst unter der gleichen Position 489 Christen bestraft wurden; es hätten im Verhältniß zur Bevölkerung des Deutschen Reiches 243 Personen sein sollen. Auch hier eine verwandte Erscheinung, wie bei den Juden. Vergleiche Seite 32 der Broschüre.

Die letzten 3 Rubriken 4g, 4h und 4i sind verwandten Charakters; sie stellen dar Zuwiderhandlungen und Vergehen, die ausschließlich oder im Wesentlichen nur in industriellen Betrieben begangen werden können.

Die starke industrielle Bevölkerung im Königreich Sachsen, wie die stark an der Industrie betheiligten Juden sind bei diesen Gesetzesverletzungen beide über die normalen Zahlen hinaus betheiligt. Bei den einzelnen Rubriken zeigen sich zwischen den Zahlen des Königreichs Sachsen und denen der Juden nicht immer entsprechende Verschiebungen.

Rechnet man alle 3 innerlich verwandte Rubriken zusammen, so ergiebt sich:

	Verurtheilungen von Juden		Verurtheilungen von Christen des Königr. Sachsen	
	thatsächlich	hätten nach dem Procentsatz der Bevölkerung sein dürfen	thatsächlich	hätten nach dem Procentsatz der Bevölkerung sein dürfen
Rubrik 4g	261	34	665	193
„ 4h	1068	579	12683	3282
„ 4i	136	43	489	243
	1465	656	13837	3718

Die Ueberschreitung gegenüber der Durchschnittszahl beläuft sich bei den Juden auf 123 pCt.
Die Ueberschreitung gegenüber der Durchschnittszahl beläuft sich bei den Christen des Königr. Sachsen auf 272 pCt.

4k. Ungesetzliche Trauung durch den Geistlichen und vorschriftswidrige Eheschließung durch den Standesbeamten.

In den Jahren	Verurtheilungen											Summa	Nach dem Procentsatz der jüdischen Bevölkerung hätten es sein dürfen:	Nimmt man die Sollzahl der auf die Juden entfallenden Verurtheilungen mit 1 an, so würden thatsächlich Juden verurtheilt:
	1882	1883	1884	1885	1886	1887	1888	1889	1890	1891	1892			
Ueberhaupt	72	48	53	43	47	58	58	38	36	28	36	517		
Juden	—	—	—	—	—	—	—	—	—	—	—		6	0,00

Dieses Delikt ist in 11 Jahren bei Juden nicht vorgekommen.

4l. Vergehen gegen die §§ 17—20, 22, 25, 28 des Gesetzes gegen die gemeingefährlichen Bestrebungen der Socialdemokratie.

In den Jahren	Verurtheilungen											Summa	Nach dem Procentsatz der jüdischen Bevölkerung hätten es sein dürfen:	Nimmt man die Sollzahl der auf die Juden entfallenden Verurtheilungen mit 1 an, so würden thatsächlich Juden verurtheilt:
	1882	1883	1884	1885	1886	1887	1888	1889	1890	1891	1892			
Ueberhaupt	69	83	113	98	92	216	258	286	270	41	5	1531		
Juden	—	2	2	—	5	7	4	4	—	—	—	24	18	1,33

Statt 18 Verurtheilungen entsprechend dem Bevölkerungsverhältniß thatsächlich 24 Verurtheilungen von Juden.

Dieses Mehr von 6 Verurtheilungen in 11 Jahren ist als ein wesentliches Abweichen von der Durchschnittszahl nicht zu betrachten.

4m. Vergehen gegen die Reichsgesetze No. 114, 121—7, 141—3, 147, 151—4.

In den Jahren	Verurtheilungen											Summa	Nach dem Procentsatz der jüdischen Bevölkerung hätten es sein dürfen:	Nimmt man die Sollzahl der auf die Juden entfallenden Verurtheilungen mit 1 an, so würden thatsächlich Juden verurtheilt:
	1882	1883	1884	1885	1886	1887	1888	1889	1890	1891	1892			
Ueberhaupt	235	228	260	452	586	463	621	584	762	949	970	6110		
Juden	6	1	4	7	15	5	9	7	10	6	22	92	73	1,26

Statt 73 Verurtheilungen entsprechend dem Bevölkerungsverhältniß thatsächlich 92 Verurtheilungen von Juden.

Die Bestrafungen dieser Position ergeben sich meist aus Verstößen gegen das Krankenkassengesetz, und da sie die Arbeitgeber treffen, unter diesen aber der Prozentsatz der Juden höher ist als in der Gesammtbevölkerung, ist es erklärlich, daß auch die Zahl der wegen dieser Straftat verurtheilten Juden den normalen Prozentsatz übersteigt.

5a. Münzverbrechen.

In den Jahren	Verurtheilungen											Summa	Nach dem Procentsatz der jüdischen Bevölkerung hatten es sein dürfen:	Nimmt man die Gesammtzahl der auf die Juden entfallenden Verurtheilungen mit 1 an, so wurden thatsächlich Juden verurtheilt:
	1882	1883	1884	1885	1886	1887	1888	1889	1890	1891	1892			
Ueberhaupt	169	149	186	148	114	115	125	133	113	126	157	1535		
Juden	6	4	2	—	1	—	1	1	1	1	3	20	18	1,11

Statt 18 Verurtheilungen entsprechend dem Bevölkerungsverhältniß thatsächlich 20 Verurtheilungen von Juden.

Dieses Mehr von zwei Verurtheilungen in 11 Jahren ist als eine wesentliche Abweichung von der Durchschnittszahl nicht zu betrachten.

5b. Münzvergehen.

In den Jahren	Verurtheilungen											Summa	Nach dem Procentsatz der jüdischen Bevölkerung hatten es sein dürfen:	Nimmt man die Gesammtzahl der auf die Juden entfallenden Verurtheilungen mit 1 an, so wurden thatsächlich Juden verurtheilt:
	1882	1883	1884	1885	1886	1887	1888	1889	1890	1891	1892			
Ueberhaupt	87	85	101	74	82	87	71	60	61	80	80	868		
Juden	6	2	3	1	4	2	3	1	1	1	1	25	10	2,50

Statt 10 Verurtheilungen entsprechend dem Bevölkerungsverhältniß thatsächlich 25 Verurtheilungen von Juden.

Auch dieses Vergehen wird überwiegend von Kaufleuten begangen, und die höhere Betheiligung der Juden bei demselben entspricht der stärkeren Vertretung der Juden im Kaufmannsstande.

6a. Meineid.

In den Jahren	Verurtheilungen											Summa	Nach dem Procentsatz der jüdischen Bevölkerung hatten es sein dürfen:	Nimmt man die Gesammtzahl der auf die Juden entfallenden Verurtheilungen mit 1 an, so wurden thatsächlich Juden verurtheilt:
	1882	1883	1884	1885	1886	1887	1888	1889	1890	1891	1892			
Ueberhaupt	1011	871	923	940	827	867	797	754	759	798	771	9318		
Juden	40	25	23	17	18	19	8	19	9	11	24	213	111	1,92

Statt 111 Verurtheilungen entsprechend dem Bevölkerungsverhältniß thatsächlich 213 Verurtheilungen von Juden.

6b. Fahrlässiger falscher Eid.

In den Jahren	Verurtheilungen											Summa	Nach dem Procentsatz der jüdischen Bevölkerung hatten es sein dürfen:	Nimmt man die Gesammtzahl der auf die Juden entfallenden Verurtheilungen mit 1 an, so wurden thatsächlich Juden verurtheilt:
	1882	1883	1884	1885	1886	1887	1888	1889	1890	1891	1892			
Ueberhaupt	373	313	375	404	358	396	415	443	447	526	483	4533		
Juden	6	3	7	9	8	9	8	8	8	16	14	96	54	1,79

Statt 54 Verurtheilungen entsprechend dem Bevölkerungsverhältniß thatsächlich 96 Verurtheilungen von Juden.

6c. Verleitung zum Meineide oder falschen Eide.

In den Jahren	\multicolumn{11}{c}{Verurtheilungen}	Summa	Nach dem Procentsatz der jüdischen Bevölkerung hätten es sein durfen:	Nimmt man die Collszahl der auf die Juden entfallenden Verurtheilungen mit 1 an, so wurden thatsächlich Juden verurtheilt:
	1882	1883	1884	1885	1886	1887	1888	1889	1890	1891	1892			
Ueberhaupt	204	200	241	222	186	230	221	292	297	258	263	2614		
Juden	5	12	15	5	6	4	4	5	7	8	3	74	31	2,39

Statt 31 Verurtheilungen entsprechend dem Bevölkerungsverhältniß thatsächlich 74 Verurtheilungen von Juden.

Bei allen drei Delikten, 6a, b und c, scheinen die Zahlen den Juden ungünstig zu sein, aber sie zeigen ein anderes Bild, wenn man die Berufsklassen prüft, aus denen sich die in diesen Positionen Verurtheilten recrutiren Dann ergiebt sich, daß derjenige Beruf, der die meisten Bestraften dieser Gattung zählt, der Kaufmannsstand ist. Allein im Handel kamen vor 1882—1892

Verurtheilungen von	Selbständigen 2c.,	Gehilfen 2c.,	Angehörigen
6a	763	276	115
6b	395	157	55
6c	309	59	52
	1467	492	222

gegen insgesammt 16465 Fälle; also während der Handel nur 4¹/₄ pCt. der Berufsthätigen umfaßt, fanden unter seinen Angehörigen 13¹/₄ pCt. aller Verbrechen gegen den Eid statt. Da nun die Juden am Kaufmannsstande stark betheiligt sind, ist auch ihre stärkere Betheiligung an den Vergehen gegen den Eid erklärlich.

Die Juden bilden den sechsten Theil der Selbständigen des Handels 2c., also
kämen normal von 1467 Verurtheilungen wegen Verbrechen gegen den Eid auf sie   245 Fälle.
Die Juden bilden den achten Theil der Gehilfen 2c. des Handels, also kämen
normal auf sie von 492 Verurtheilungen wegen Verbrechen gegen den Eid   62 „
Die Juden bilden circa den siebenten Theil der Angehörigen des Handelsstandes,
also kämen normal auf sie von 222 Verurtheilungen wegen Verbrechen gegen den Eid   32 „
in Summa   339 „
Im Ganzen wurden von Juden begangen   383 „

Es wurden also außerhalb des Kaufmannsstandes auf Juden in 11 Jahren 44 Verletzungen der Eidespflicht entfallen gegenüber 14284 bei Christen außerhalb des Kaufmannsstandes.

6d. Andere Verletzungen der Eidespflicht

In den Jahren	\multicolumn{10}{c}{Verurtheilungen}	Summa	Nach dem Procentsatz der jüdischen Bevölkerung hätten es sein durfen:	Nimmt man die Collszahl der auf die Juden entfallenden Verurtheilungen mit 1 an, so wurden thatsächlich Juden verurtheilt:
	1882	1883	1884	1885	1886	1887	1888	1889	1890	1891	1892			
Ueberhaupt	19	20	17	29	27	22	35	22	28	34	35	288		
Juden	—	—	1	—	1	1	1	—	—	—	—	4	3,4	1,18

Statt 3,4 Verurtheilungen entsprechend dem Bevölkerungsverhältniß thatsächlich 4 Verurtheilungen von Juden. Dies Mehr in 11 Jahren ist als eine Abweichung von der Durchschnittszahl nicht zu betrachten.

7 Falsche Anschuldigung.

In den Jahren	\multicolumn{11}{c}{Verurtheilungen}	Summa	Nach dem Procentsatz der jüdischen Bevölkerung hätten es sein durfen:	Nimmt man die Collszahl der auf die Juden entfallenden Verurtheilungen mit 1 an, so wurden thatsächlich Juden verurtheilt:
	1882	1883	1884	1885	1886	1887	1888	1889	1890	1891	1892			
Ueberhaupt	511	516	499	511	501	507	548	559	523	554	553	5782		
Juden	12	17	17	16	12	9	12	9	5	5	5	119	69	1,72

Statt 69 Verurtheilungen entsprechend dem Bevölkerungsverhältniß thatsächlich 119 Verurtheilungen von Juden.

Auch dies Vergehen ist ein vorzugsweise von Kaufleuten begangenes und die stärkere Betheiligung der Juden daher erklärlich. Es verdient bemerkt zu werden, daß die Zahl dieser Vergehen bei den Juden im Rückgang begriffen ist.

8. Vergehen, welche sich auf die Religion beziehen.

In den Jahren	Verurtheilungen											Summa	Nach dem Procentsatz der jüdischen Bevölkerung hätten es sein dürfen:	Nimmt man die Sollzahl der auf die Juden entfallenden Verurtheilungen mit 1 an, so wurden thatsächlich Juden verurtheilt:
	1882	1883	1884	1885	1886	1887	1888	1889	1890	1891	1892			
Ueberhaupt	256	315	255	250	262	288	281	235	293	372	358	3165		
Juden	9	12	7	4	10	4	9	4	10	14	12	95	38	2,50

Statt 38 Verurtheilungen entsprechend dem Bevölkerungsverhältniß thatsächlich 95 Verurtheilungen von Juden.

Es verdient angemerkt zu werden, daß dieses Vergehen ein politisches ist und vorzugsweise durch die Presse begangen wird.

9. Verbrechen und Vergehen in Beziehung auf den Personenstand.

In den Jahren	Verurtheilungen											Summa	Nach dem Procentsatz der jüdischen Bevölkerung hätten es sein dürfen:	Nimmt man die Sollzahl der auf die Juden entfallenden Verurtheilungen mit 1 an, so wurden thatsächlich Juden verurtheilt:
	1882	1883	1884	1885	1886	1887	1888	1889	1890	1891	1892			
Ueberhaupt	74	87	112	99	109	106	109	96	117	121	120	1150		
Juden	2	2	—	—	—	—	—	2	1	—	—	7	14	0,5

Statt 14 Verurtheilungen entsprechend dem Bevölkerungsverhältniß thatsächlich 7 Verurtheilungen von Juden.

10a. Doppelehe.

In den Jahren	Verurtheilungen											Summa	Nach dem Procentsatz der jüdischen Bevölkerung hätten es sein dürfen:	Nimmt man die Sollzahl der auf die Juden entfallenden Verurtheilungen mit 1 an, so wurden thatsächlich Juden verurtheilt:
	1882	1883	1884	1885	1886	1887	1888	1889	1890	1891	1892			
Ueberhaupt	38	44	53	60	54	76	59	50	51	61	68	623		
Juden	—	1	1	—	—	—	—	—	—	—	—	2	7	0,29

Statt 7 Verurtheilungen entsprechend dem Bevölkerungsverhältniß thatsächlich 2 Verurtheilungen von Juden.

10b. Blutschande.

In den Jahren	Verurtheilungen											Summa	Nach dem Procentsatz der jüdischen Bevölkerung hätten es sein dürfen:	Nimmt man die Sollzahl der auf die Juden entfallenden Verurtheilungen mit 1 an, so wurden thatsächlich Juden verurtheilt:
	1882	1883	1884	1885	1886	1887	1888	1889	1890	1891	1892			
Ueberhaupt	314	330	323	288	338	347	312	326	310	404	375	3667		
Juden	—	1	3	—	1	—	—	—	1	1	—	7	44	0,16

Statt 44 Verurtheilungen entsprechend dem Bevölkerungsverhältniß thatsächlich 7 Verurtheilungen von Juden.

10c. Unzucht unter Mißbrauch eines Vertrauensverhältnisses.

In den Jahren	Verurtheilungen												Summa	Nach dem Procentsatz der jüdischen Bevölkerung hätten es sein dürfen:	Nimmt man die Sollzahl der auf die Judenurtheilungen entfallenden Verurtheilungen mit 1 an, so wurden thatsächlich Juden verurtheilt:
	1882	1883	1884	1885	1886	1887	1888	1889	1890	1891	1892			
Ueberhaupt	67	34	42	34	34	38	46	43	39	39	40	456		
Juden	1	1	—	—	—	—	—	1	—	—	—	3	5	0,6

Statt 5 Verurtheilungen entsprechend dem Bevölkerungsverhältniß thatsächlich 3 Verurtheilungen von Juden.

10d. Widernatürliche Unzucht.

In den Jahren	Verurtheilungen												Summa	Nach dem Procentsatz der jüdischen Bevölkerung hätten es sein dürfen:	Nimmt man die Sollzahl der auf die Juden entfallenden Verurtheilungen mit 1 an, so wurden thatsächlich Juden verurtheilt:
	1882	1883	1884	1885	1886	1887	1888	1889	1890	1891	1892			
Ueberhaupt	329	269	345	391	373	418	353	367	412	446	459	4162		
Juden	1	3	1	4	2	—	3	2	—	1	3	20	50	0,40

Statt 50 Verurtheilungen entsprechend dem Bevölkerungsverhältniß thatsächlich 20 Verurtheilungen von Juden.

10e. Unzucht mit Gewalt, an Kindern, Nothzucht, Verleitung zum Beischlaf durch Täuschung.

In den Jahren	Verurtheilungen												Summa	Nach dem Procentsatz der jüdischen Bevölkerung hätten es sein dürfen:	Nimmt man die Sollzahl der auf die Juden entfallenden Verurtheilungen mit 1 an, so wurden thatsächlich Juden verurtheilt:
	1882	1883	1884	1885	1886	1887	1888	1889	1890	1891	1892			
Ueberhaupt	2852	2738	2756	2861	3188	3131	3044	3171	3251	3295	3452	33748		
Juden	39	30	38	33	32	28	31	34	33	33	23	354	402	0,88

Statt 402 Verurtheilungen entsprechend dem Bevölkerungsverhältniß thatsächlich 354 Verurtheilungen von Juden.

Bei den Rubriken 10a, b, c, d, e, die sämmtlich schwere Sittlichkeitsverbrechen behandeln, sind die Juden gleichmäßig mit sehr geringen Zahlen betheiligt.

10f. Kuppelei.

In den Jahren	Verurtheilungen												Summa	Nach dem Procentsatz der jüdischen Bevölkerung hätten es sein dürfen:	Nimmt man die Sollzahl der auf die Juden entfallenden Verurtheilungen mit 1 an, so wurden thatsächlich Juden verurtheilt:
	1882	1883	1884	1885	1886	1887	1888	1889	1890	1891	1892			
Ueberhaupt	1377	1657	1454	1586	1856	1919	1952	1704	1783	1958	2481	19817		
Juden	15	27	24	25	26	31	32	20	22	23	30	275	236	1,17

Statt 236 Verurtheilungen entsprechend dem Bevölkerungsverhältniß thatsächlich 275 Verurtheilungen von Juden.

In der öffentlichen Diskussion wird den Juden gerade dies Verbrechen besonders häufig zum Vorwurf gemacht, eine unbefangene Prüfung der vorliegenden Zahlen kommt aber zu anderen Resultaten.

An und für sich ist schon das Verhältniß 19817 Fälle überhaupt gegen 275 von Juden begangenen nicht sehr belastend für diese. Es kommt ferner hinzu, daß die Kuppelei ein Verbrechen ist, das vorzugsweise in Städten vorkommt, so entfallen von den gesammten 19817 Fällen 5006 allein auf Berlin. Da nun die Juden in höherem Grade Städtebewohner sind, als die übrige Bevölkerung, so sind sie auch an diesem Verbrechen stärker betheiligt. In der That kommen von 275 wegen Kuppelei bestraften Juden allein 118 auf Berlin, und ähnlich liegt es in Hamburg 2c. Dabei zeigt die Vergleichung, daß die Juden Berlins im Verhältniß zu ihrem Bevölkerungscontingent weniger Kuppeleiverbrechen begehen, als die Nichtjuden dieser Stadt:

insgesamt 5006 Fälle in Berlin, davon müßten entfallen 5 pCt. = 250 Fällen auf Juden; es sind aber nur 118 Fälle.

10g. Aergerniß durch unzüchtige Handlungen, Verbreitung unzüchtiger Schriften 2c.

In den Jahren	Verurtheilungen											Summa	Nach dem Procentsatz der jüdischen Bevölkerung hätten es sein dürfen:	Nimmt man die Sollzahl der auf die Juden entfallenden Verurtheilungen mit 1 an, so wurden thatsächlich Juden verurtheilt:
	1882	1883	1884	1885	1886	1887	1888	1889	1890	1891	1892			
Ueberhaupt	1404	1277	1403	1514	1465	1472	1377	1404	1554	1689	1644	16203		
Juden	26	23	18	23	16	33	18	22	32	34	28	273	193	1,41

Statt 193 Verurtheilungen entsprechend dem Bevölkerungsverhältniß thatsächlich 273 Verurtheilungen von Juden.

Dies Vergehen ist von allen gegen die Sittlichkeit das leichteste, es wird in 30 pCt. der Fälle mit Geldstrafe, in 55 pCt. mit Gefängniß unter 3 Monaten und nur in 15 pCt. mit höheren Strafen gesühnt. Der hohe Prozentsatz der Juden bei diesem Delikt findet seine Erklärung darin, daß dies Vergehen sehr häufig im Buchhandel begangen wird, die Juden aber im Buchhandel 8 pCt. der selbstständigen Betriebe besitzen. Dementsprechend kommt auch in Leipzig, der Buchhändlerstadt, dies Vergehen besonders oft zur Bestrafung.

10h. Andere Vergehen gegen die Sittlichkeit.

In den Jahren	Verurtheilungen											Summa	Nach dem Procentsatz der jüdischen Bevölkerung hätten es sein dürfen:	Nimmt man die Sollzahl der auf die Juden entfallenden Verurtheilungen mit 1 an, so wurden thatsächlich Juden verurtheilt:
	1882	1883	1884	1885	1886	1887	1888	1889	1890	1891	1892			
Ueberhaupt	100	127	121	113	159	167	203	172	172	195	193	1722		
Juden	—	2	—	—	4	1	2	3	—	3	2	17	21	0,81

Statt 21 Verurtheilungen entsprechend dem Bevölkerungsverhältniß thatsächlich 17 Verurtheilungen von Juden.

11. Beleidigung.

In den Jahren	Verurtheilungen											Summa	Nach dem Procentsatz der jüdischen Bevölkerung hätten es sein dürfen:	Nimmt man die Sollzahl der auf die Juden entfallenden Verurtheilungen mit 1 an, so wurden thatsächlich Juden verurtheilt:
	1882	1883	1884	1885	1886	1887	1888	1889	1890	1891	1892			
Ueberhaupt	38971	39911	42616	40859	42586	44084	42959	43600	45351	44809	46458	472204		
Juden	603	738	729	657	768	710	786	787	800	727	754	8149	5622	1,45

Statt 5622 Verurtheilungen entsprechend dem Bevölkerungsverhältniß thatsächlich 8149 Verurtheilungen von Juden.

Die Beleidigung ist ein Vergehen, das mit der Körperverletzung in gewissem Zusammenhange steht. Während die roheren Schichten der Bevölkerung, wenn sie sich verletzt fühlen, eine Körperverletzung begehen, d. h. sich thätlich rächen, werden die höher stehenden socialen Schichten, wenn sie sich schon zu einer Ausschreitung hinreißen lassen, dies meist nur in Worten thun. Da nun die Juden in starkem Procentsatz zu den mittleren Schichten des deutschen Volkes zählen, sind sie bei dem Delikt der Beleidigung stark, bei dem der Körperverletzung schwach vertreten. Wie bei den Juden liegt es bei dem Handelsstand überhaupt, der, obwohl nur 4 $^1/_2$ pCt. in der Bevölkerung, zu diesem Vergehen 17 pCt. aller Fälle stellt. Uebrigens ist die Beleidigung eines der leichtesten Vergehen, für das in 80 pCt. der sämmtlichen Fälle eine Geldstrafe als genügende Sühne angesehen wird.

12. Zweikampf.

In den Jahren	Verurtheilungen											Summa	Nach dem Procentsatz der jüdischen Bevölkerung hätten es sein dürfen:	Nimmt man die Sollzahl der auf die Juden entfallenden Verurtheilungen mit 1 an, so wurden thatsächlich Juden verurtheilt:
	1882	1883	1884	1885	1886	1887	1888	1889	1890	1891	1892			
Ueberhaupt	119	157	170	157	79	99	90	75	66	60	77	1149		
Juden	5	8	8	6	4	10	11	6	6	2	7	73	14	5,21

Statt 14 Verurtheilungen entsprechend dem Bevölkerungsverhältniß thatsächlich 73 Verurtheilungen von Juden.

Der enorm hohe Procentsatz der Juden bei diesem Delikt widerspricht der Anschauung von der Feigheit der Juden. Diese Zahlen sind auch ein Zeichen der antisemitischen Verhetzung besonders an unseren Hochschulen, durch die häufig die Juden auf Grund des herrschenden Ehrencodex zum Duell gezwungen werden.

13a. Mord.

In den Jahren	Verurtheilungen											Summa	Nach dem Procentsatz der jüdischen Bevölkerung hätten es sein dürfen:	Nimmt man die Sollzahl der auf die Juden entfallenden Verurtheilungen mit 1 an, so wurden thatsächlich Juden verurtheilt:
	1882	1883	1884	1885	1886	1887	1888	1889	1890	1891	1892			
Ueberhaupt	151	153	139	126	144	131	95	107	133	88	144	1411		
Juden	—	—	—	—	—	1	—	1	—	—	—	2	17	0,12

Statt 17 Verurtheilungen entsprechend dem Bevölkerungsverhältniß thatsächlich 2 Verurtheilungen von Juden.

13b. Todtschlag.

In den Jahren	Verurtheilungen											Summa	Nach dem Procentsatz der jüdischen Bevölkerung hätten es sein dürfen:	Nimmt man die Sollzahl der auf die Juden entfallenden Verurtheilungen mit 1 an, so wurden thatsächlich Juden verurtheilt:
	1882	1883	1884	1885	1886	1887	1888	1889	1890	1891	1892			
Ueberhaupt	160	164	131	164	154	142	117	148	125	160	172	1646		
Juden	—	—	—	2	—	—	—	—	—	2	—	4	20	0,2

Statt 20 Verurtheilungen entsprechend dem Bevölkerungsverhältniß thatsächlich 4 Verurtheilungen von Juden.

13c. Tödtung auf Verlangen des Getödteten.

In den Jahren	Verurtheilungen											Summa	Nach dem Procentsatz der jüdischen Bevölkerung hätten es sein dürfen:	Nimmt man die Sollzahl der auf die Juden entfallenden Verurtheilungen mit 1 an, so wurden thatsächlich Juden verurtheilt:
	1882	1883	1884	1885	1886	1887	1888	1889	1890	1891	1892			
Ueberhaupt	3	—	2	2	—	2	—	—	—	—	1	10		
Juden	—	—	—	—	—	—	—	—	—	—	—	—	—	—

Statt 0 Verurtheilungen entsprechend dem Bevölkerungsverhältniß thatsächlich 0 Verurtheilungen von Juden.

13d. Kindesmord.

In den Jahren	Verurtheilungen											Summa	Nach dem Procentsatz der jüdischen Bevölkerung hätten es sein dürfen:	Nimmt man die Sollzahl der auf die Juden entfallenden Verurtheilungen mit 1 an, so wurden thatsächlich Juden verurtheilt:
	1882	1883	1884	1885	1886	1887	1888	1889	1890	1891	1892			
Ueberhaupt	171	175	161	189	187	168	172	101	161	148	222	1945		
Juden	—	2	—	—	1	—	1	1	—	—	—	5	23	0,22

Statt 23 Verurtheilungen entsprechend dem Bevölkerungsverhältniß thatsächlich 5 Verurtheilungen von Juden.

13e. Abtreibung.

In den Jahren	Verurtheilungen											Summa	Nach dem Procentsatz der jüdischen Bevölkerung hätten es sein dürfen:	Nimmt man die Sollzahl der auf die Juden entfallenden Verurtheilungen mit 1 an, so wurden thatsächlich Juden verurtheilt:
	1882	1883	1884	1885	1886	1887	1888	1889	1890	1891	1892			
Ueberhaupt	191	167	258	243	226	226	216	268	243	287	330	2655		
Juden	2	2	3	—	1	3	2	1	3	6	7	30	32	0,94

Statt 32 Verurtheilungen entsprechend dem Bevölkerungsverhältniß thatsächlich 30 Verurtheilungen von Juden.

13f. Aussetzung.

In den Jahren	Verurtheilungen											Summa	Nach dem Procentsatz der jüdischen Bevölkerung hätten es sein dürfen:	Nimmt man die Sollzahl der auf die Juden entfallenden Verurtheilungen mit 1 an, so wurden thatsächlich Juden verurtheilt:
	1882	1883	1884	1885	1886	1887	1888	1889	1890	1891	1892			
Ueberhaupt	54	70	65	47	46	31	39	28	38	36	37	491		
Juden	—	1	—	—	1	—	—	—	1	1	—	4	6	0,67

Statt 6 Verurtheilungen entsprechend dem Bevölkerungsverhältniß thatsächlich 4 Verurtheilungen von Juden.

13g. Fahrlässige Tödtung.

In den Jahren	Verurtheilungen											Summa	Nach dem Procentsatz der jüdischen Bevölkerung hätten es sein dürfen:	Nimmt man die Sollzahl der auf die Juden entfallenden Verurtheilungen mit 1 an, so wurden thatsächlich Juden verurtheilt:
	1882	1883	1884	1885	1886	1887	1888	1889	1890	1891	1892			
Ueberhaupt	476	521	567	512	558	626	593	636	658	650	629	6426		
Juden	4	1	6	2	3	2	7	2	4	5	2	38	77	0,49

Statt 77 Verurtheilungen entsprechend dem Bevölkerungsverhältniß thatsächlich 38 Verurtheilungen von Juden.

Bei sämmtlichen unter 13a—g rubrizirten Verbrechen, die den Tod eines Menschen zur Folge gehabt haben oder haben können, ist der Antheil der Juden ein sehr kleiner gewesen und je schwerer das Verbrechen, desto geringer die Betheiligung der Juden dabei. Im Ganzen sind 83 Bestrafungen von Juden unter diesen Verbrechern in 11 Jahren vorgekommen statt der 175 Fälle, die nach der Bevölkerungsziffer auf sie entfallen.

14a. Einfache Körperverletzung.

In den Jahren	Verurtheilungen											Summa	Nach dem Procentsatz der jüdischen Bevölkerung hätten es sein dürfen:	Nimmt man die Sollzahl der auf die Juden entfallenden Verurtheilungen mit 1 an, so wurden thatsächlich Juden verurtheilt:
	1882	1883	1884	1885	1886	1887	1888	1889	1890	1891	1892			
Ueberhaupt	16527	17116	18718	18620	19334	19202	18374	19730	21546	21987	22821	213975		
Juden	192	154	179	176	176	172	149	165	182	183	182	1910	2547	0,75

Statt 2547 Verurtheilungen entsprechend dem Bevölkerungsverhältniß thatsächlich 1910 Verurtheilungen von Juden.

14b. Gefährliche Körperverletzung.

In den Jahren	Verurtheilungen											Summa	Nach dem Procentsatz der jüdischen Bevölkerung hätten es sein dürfen:	Nimmt man die Sollzahl der auf die Juden entfallenden Verurtheilungen mit 1 an, so wurden thatsächlich Juden verurtheilt:
	1882	1883	1884	1885	1886	1887	1888	1889	1890	1891	1892			
Ueberhaupt	38291	40933	48118	51449	53759	55821	55223	57191	60948	61890	65666	589205		
Juden	164	194	185	203	208	229	206	256	229	247	256	2377	7015	0,34

Statt 7015 Verurtheilungen entsprechend dem Bevölkerungsverhältniß thatsächlich 2377 Verurtheilungen von Juden.

14c. Schwere Körperverletzung.

In den Jahren	Verurtheilungen											Summa	Nach dem Procentsatz der jüdischen Bevölkerung hätten es sein dürfen:	Nimmt man die Sollzahl der auf die Juden entfallenden Verurtheilungen mit 1 an, so wurden thatsächlich Juden verurtheilt:
	1882	1883	1884	1885	1886	1887	1888	1889	1890	1891	1892			
Ueberhaupt	573	544	592	663	637	549	533	487	495	460	503	6041		
Juden	—	—	1	—	1	—	—	—	—	2	—	4	72	0,06

Statt 72 Verurtheilungen entsprechend dem Bevölkerungsverhältniß thatsächlich 4 Verurtheilungen von Juden.

14d. Betheiligung an einer Schlägerei, welche Tod oder schwere Körperverletzung zur Folge hatte.

In den Jahren	Verurtheilungen											Summa	Nach dem Procentsatz der jüdischen Bevölkerung hätten es sein dürfen:	Nimmt man die Sollzahl der auf die Juden entfallenden Verurtheilungen mit 1 an, so wurden thatsächlich Juden verurtheilt:
	1882	1883	1884	1885	1886	1887	1888	1889	1890	1891	1892			
Ueberhaupt	191	176	153	159	172	147	161	111	103	137	169	1679		
Juden	—	—	—	1	—	—	—	—	—	—	—	1	20	0,05

Statt 20 Verurtheilungen entsprechend dem Bevölkerungsverhältniß thatsächlich 1 Verurtheilung von Juden.

Auch diese 4 Rubriken 14a, b, c, d sind den Juden sehr günstig, deren Betheiligung abnimmt im Verhältniß zu der Schwere der Verbrechen. Je schwerer eines dieser Delikte, um so geringer der Antheil der Juden daran.

14e. Vergiftung.

In den Jahren	Verurtheilungen											Summa	Nach dem Procentsatz der jüdischen Bevölkerung hätten es sein dürfen:	Nimmt man die Sollzahl der auf die Juden entfallenden Verurtheilungen mit 1 an, so wurden thatsächlich Juden verurtheilt:
	1882	1883	1884	1885	1886	1887	1888	1889	1890	1891	1892			
Ueberhaupt	13	11	15	5	10	12	10	8	9	14	16	123		
Juden	—	1	—	—	—	—	—	—	—	—	—	1	2	0,5

Statt 2 Verurtheilungen entsprechend dem Bevölkerungsverhältniß wurde thatsächlich nur 1 Jude verurtheilt. Dies Verbrechen kommt so selten vor, daß man es kaum zu einem Vergleich benutzen kann.

14f. Fahrlässige Körperverletzung.

In den Jahren	Verurtheilungen											Summa	Nach dem Procentsatz der jüdischen Bevölkerung hätten es sein dürfen:	Nimmt man die Sollzahl der auf die Juden entfallenden Verurtheilungen mit 1 an, so wurden thatsächlich Juden verurtheilt:
	1882	1883	1884	1885	1886	1887	1888	1889	1890	1891	1892			
Ueberhaupt	1192	1392	1547	1705	1855	1996	2131	2433	2507	2597	2820	22175		
Juden	18	10	23	16	21	18	31	37	34	35	33	276	264	1,04

Statt 264 Verurtheilungen entsprechend dem Bevölkerungsverhältniß thatsächlich 276 Verurtheilungen von Juden. Die kleine Differenz von 12 Fällen in 11 Jahren ist so gering, daß man den Procentsatz noch als normal bezeichnen kann.

15a. Menschenraub und Entführung.

In den Jahren	Verurtheilungen											Summa	Nach dem Procentsatz der jüdischen Bevölkerung hätten es sein dürfen:	Nimmt man die Sollzahl der auf die Juden entfallenden Verurtheilungen mit 1 an, so wurden thatsächlich Juden verurtheilt:
	1882	1883	1884	1885	1886	1887	1888	1889	1890	1891	1892			
Ueberhaupt	12	9	18	16	17	14	16	20	12	11	23	168		
Juden	1	—	—	1	—	1	—	—	—	1	4	2	2

Statt 2 Verurtheilungen entsprechend dem Bevölkerungsverhältniß thatsächlich 4 Verurtheilungen von Juden. Dies Verbrechen kommt so selten vor, daß an die kleine Zahl von 4 jüdischen Verurtheilten in 11 Jahren sich keine Folgerungen knüpfen lassen.

15b. Widerrechtliche Freiheitsentziehung.

In den Jahren	Verurtheilungen											Summa	Nach dem Procentsatz der jüdischen Bevölkerung hätten es sein dürfen:	Nimmt man die Sollzahl der auf die Juden entfallenden Verurtheilungen mit 1 an, so wurden thatsächlich Juden verurtheilt:
	1882	1883	1884	1885	1886	1887	1888	1889	1890	1891	1892			
Ueberhaupt	116	154	177	180	186	216	201	179	196	191	206	2002		
Juden	1	6	—	2	6	1	2	3	4	7	—	32	24	1,33

Stattt 24 Verurtheilungen entsprechend dem Bevölkerungsverhältniß thatsächlich 32 Verurtheilungen von Juden. Es ist zwar bei diesem Delikt, das übrigens zu den leichten zählt und mit Gefängniß bis zu 3 Monaten bestraft wird, der Antheil der Juden etwas zu hoch, doch ist die Differenz 8 Fälle in 11 Jahren zu klein, um daraus Schlüsse ziehen zu können.

15c. Nöthigung und Bedrohung.

In den Jahren	Verurtheilungen											Summa	Nach dem Procentsatz der jüdischen Bevölkerung hätten es sein dürfen:	Nimmt man die Sollzahl der auf die Juden entfallenden Verurtheilungen mit 1 an, so wurden thatsächlich Juden verurtheilt:
	1882	1883	1884	1885	1886	1887	1888	1889	1890	1891	1892			
Ueberhaupt	3623	4021	5243	5820	6493	6602	6279	6095	7813	8011	8802	69702		
Juden	32	45	45	49	46	36	43	47	39	41	53	476	830	0,57

Statt 830 Verurtheilungen entsprechend dem Bevölkerungsverhältniß thatsächlich 476 Verurtheilungen von Juden.

16a. Einfacher Diebstahl.

In den Jahren	Verurtheilungen											Summa	Nach dem Procentsatz der jüdischen Bevölkerung hätten es sein dürfen:	Nimmt man die Sollzahl der auf die Juden entfallenden Verurtheilungen mit 1 an, so wurden thatsächlich Juden verurtheilt:
	1882	1883	1884	1885	1886	1887	1888	1889	1890	1891	1892			
Ueberhaupt	79116	76929	74293	69241	68479	65297	65060	71881	70945	75256	82751	799248		
Juden	355	327	318	263	253	272	240	292	269	286	347	3222	9515	0,34

Statt 9515 Verurtheilungen entsprechend dem Bevölkerungsverhältniß thatsächlich 3222 Verurtheilungen von Juden.

16b. Einfacher Diebstahl in wiederholtem Rückfalle.

In den Jahren	Verurtheilungen											Summa	Nach dem Procentsatz der jüdischen Bevölkerung hätten es sein dürfen:	Nimmt man die Sollzahl der auf die Juden entfallenden Verurtheilungen mit 1 an, so wurden thatsächlich Juden verurtheilt:
	1882	1883	1884	1885	1886	1887	1888	1889	1890	1891	1892			
Ueberhaupt	12016	12191	11865	11275	11306	10901	10186	11085	10983	11488	12775	126065		
Juden	34	37	36	26	40	27	22	41	27	38	32	360	1501	0,24

Statt 1501 Verurtheilungen entsprechend dem Bevölkerungsverhältniß thatsächlich 360 Verurtheilungen von Juden.

16c. Schwerer Diebstahl.

In den Jahren	Verurtheilungen											Summa	Nach dem Procentsatz der jüdischen Bevölkerung hatten es sein dürfen:	Nimmt man die Soll-zahl der auf die Juden entfallenden Verurtheilungen mit 1 an, so wurden thatsächlich Juden verurtheilt:
	1882	1883	1884	1885	1886	1887	1888	1889	1890	1891	1892			
Ueberhaupt	8972	7841	7893	7207	6658	6885	6972	7978	8370	8605	10748	88219		
Juden	44	26	28	34	20	31	25	31	36	18	33	326	1050	0,31

Statt 1050 Verurtheilungen entsprechend dem Bevölkerungsverhältniß thatsächlich 326 Verurtheilungen von Juden.

16d. Schwerer Diebstahl in wiederholtem Rückfalle.

In den Jahren	Verurtheilungen											Summa	Nach dem Procentsatz der jüdischen Bevölkerung hatten es sein dürfen:	Nimmt man die Soll-zahl der auf die Juden entfallenden Verurtheilungen mit 1 an, so wurden thatsächlich Juden verurtheilt:
	1882	1883	1884	1885	1886	1887	1888	1889	1890	1891	1892			
Ueberhaupt	2946	2672	2669	2675	2373	2324	2160	2412	2427	2499	2921	28078		
Juden	14	8	9	5	5	8	6	8	6	8	4	81	334	0,24

Statt 334 Verurtheilungen entsprechend dem Bevölkerungsverhältniß thatsächlich 81 Verurtheilungen von Juden.

16e. Unterschlagung.

In den Jahren	Verurtheilungen											Summa	Nach dem Procentsatz der jüdischen Bevölkerung hatten es sein dürfen:	Nimmt man die Soll-zahl der auf die Juden entfallenden Verurtheilungen mit 1 an, so wurden thatsächlich Juden verurtheilt:
	1882	1883	1884	1885	1886	1887	1888	1889	1890	1891	1892			
Ueberhaupt	14577	14568	14630	14432	14731	14504	14781	15588	16340	17184	18372	170007		
Juden	187	148	147	157	129	145	143	162	162	161	195	1736	2024	0,86

Statt 2024 Verurtheilungen entsprechend dem Bevölkerungsverhältniß thatsächlich 1736 Verurtheilungen von Juden.

Sämmtliche Delikte der Gruppe 16 geben ein für die Juden sehr günstiges Bild und dieser Eindruck wird noch verstärkt durch die Thatsache, daß die Zahl der Strafthaten bei den Juden konstant geblieben oder zurückgegangen ist, während die Zahl der Verurtheilungen überhaupt bei allen Delikten dieser Rubrik mit alleiniger Ausnahme von 16d gestiegen ist.

17a. Raub und räuberische Erpressung.

In den Jahren	Verurtheilungen											Summa	Nach dem Procentsatz der jüdischen Bevölkerung hatten es sein dürfen:	Nimmt man die Soll-zahl der auf die Juden entfallenden Verurtheilungen mit 1 an, so wurden thatsächlich Juden verurtheilt:
	1882	1883	1884	1885	1886	1887	1888	1889	1890	1891	1892			
Ueberhaupt	413	419	445	365	417	380	393	404	437	459	486	4624		
Juden	2	1	1	2	—	—	2	1	—	—	9	55	0,16

Statt 55 Verurtheilungen entsprechend dem Bevölkerungsverhältniß thatsächlich 9 Verurtheilungen von Juden.

17b. Erpressung.

In den Jahren	1882	1883	1884	1885	1886	1887	1888	1889	1890	1891	1892	Summa	Nach dem Procentsatz der jüdischen Bevölkerung hätten es sein dürfen:	Nimmt man die Collzahl der auf die Juden entfallenden Verurtheilungen mit 1 an, so wurden thatsächlich Juden verurtheilt:
Verurtheilungen														
Ueberhaupt	526	481	473	452	426	455	457	467	504	486	624	5351		
Juden	9	22	11	15	10	20	13	11	17	14	20	162	64	2,53

Statt 64 Verurtheilungen entsprechend dem Bevölkerungsverhältniß thatsächlich 162 Verurtheilungen von Juden.

Die Erpressung ist wieder eine jener Strafthaten, bei denen der Handelsstand vorwiegend betheiligt ist. Auf diesen Beruf, der 4¼ pCt. der Bevölkerung darstellt, kommen 1106 Verurtheilungen wegen Erpressung, das heißt 21 pCt. der Verurtheilungen wegen Erpressung überhaupt. Die größere Betheiligung der Juden an diesem Delikt erklärt sich demgemäß aus ihrer verhältnißmäßig starken Vertretung im Handelsstand.

18a. Begünstigung.

In den Jahren	1882	1883	1884	1885	1886	1887	1888	1889	1890	1891	1892	Summa	Nach dem Procentsatz der jüdischen Bevölkerung hätten es sein dürfen:	Nimmt man die Collzahl der auf die Juden entfallenden Verurtheilungen mit 1 an, so wurden thatsächlich Juden verurtheilt:
Verurtheilungen														
Ueberhaupt	1017	993	894	897	919	927	854	807	845	866	957	9976		
Juden	3	8	9	5	7	3	5	8	6	7	9	70	118	0,60

Statt 118 Verurtheilungen entsprechend dem Bevölkerungsverhältniß thatsächlich 70 Verurtheilungen von Juden.

18b. Einfache Hehlerei.

In den Jahren	1882	1883	1884	1885	1886	1887	1888	1889	1890	1891	1892	Summa	Nach dem Procentsatz der jüdischen Bevölkerung hätten es sein dürfen:	Nimmt man die Collzahl der auf die Juden entfallenden Verurtheilungen mit 1 an, so wurden thatsächlich Juden verurtheilt:
Verurtheilungen														
Ueberhaupt	8261	7754	7459	7174	6717	6730	6714	7251	7323	7495	8853	81740		
Juden	132	110	98	89	51	56	70	55	56	71	72	860	973	0,88

Statt 973 Verurtheilungen entsprechend dem Bevölkerungsverhältniß thatsächlich 860 Verurtheilungen von Juden.

18c. Gewerbs- und gewohnheitsmäßige Hehlerei.

In den Jahren	1882	1883	1884	1885	1886	1887	1888	1889	1890	1891	1892	Summa	Nach dem Procentsatz der jüdischen Bevölkerung hätten es sein dürfen:	Nimmt man die Collzahl der auf die Juden entfallenden Verurtheilungen mit 1 an, so wurden thatsächlich Juden verurtheilt:
Verurtheilungen														
Ueberhaupt	217	178	197	210	183	191	179	202	190	236	250	2233		
Juden	17	5	10	10	21	9	13	9	16	7	7	124	27	4,59

Statt 27 Verurtheilungen entsprechend dem Bevölkerungsverhältniß thatsächlich 124 Verurtheilungen von Juden.

18d. Hehlerei in wiederholtem Rückfalle.

In den Jahren	Verurtheilungen											Summa	Nach dem Procentsatz der jüdischen Bevölkerung hätten es sein dürfen:	Nimmt man die Sollzahl der auf die Juden entfallenden Verurtheilungen mit 1 an, so wurden thatsächlich Juden verurtheilt:
	1882	1883	1884	1885	1886	1887	1888	1889	1890	1891	1892			
Ueberhaupt	44	42	39	32	52	44	52	38	36	35	38	452		
Juden	1	2	2	1	1	1	2	—	1	1	3	15	5	3

Statt 5 Verurtheilungen entsprechend dem Bevölkerungsverhältniß thatsächlich 15 Verurtheilungen von Juden.

Die Delikte einfache Hehlerei (18b), gewerbs- und gewohnheitsmäßige Hehlerei (18c) und Hehlerei in wiederholtem Rückfalle (18d), die eine innere Verwandtschaft aufweisen, zeigen in jeder einzelnen Rubrik für sich ein anderes Bild in Betreff der Betheiligung von Christen und Juden. Faßt man alle darin einbegriffenen Rubriken zusammen, so ergiebt sich, daß 999 Juden verurtheilt wurden, während nach dem Procentsatz der Bevölkerung 1005 Verurtheilungen sich ergeben hätten; also eine Kleinigkeit unter dem Durchschnitt.

Es ist außerdem zu bemerken, daß das Begehen dieser Delikte bei den Juden ziemlich constant herabgegangen ist, von 150 Fälle im Jahre 1882 auf 82 Fälle im Jahre 1892.

19a. Betrug.

In den Jahren	Verurtheilungen											Summa	Nach dem Procentsatz der jüdischen Bevölkerung hätten es sein dürfen:	Nimmt man die Sollzahl der auf die Juden entfallenden Verurtheilungen mit 1 an, so wurden thatsächlich Juden verurtheilt:
	1882	1883	1884	1885	1886	1887	1888	1889	1890	1891	1892			
Ueberhaupt	11094	11451	12275	11482	12360	13101	13493	15205	15661	17012	18595	151729		
Juden	332	313	345	304	353	334	324	348	366	379	377	3775	1806	2,09

Statt 1806 Verurtheilungen entsprechend dem Bevölkerungsverhältniß thatsächlich 3775 Verurtheilungen von Juden.

Betrug ist ein Verbrechen, welches in besonders hohem Procentsatz im Handel vorkommt. Von insgesammt 151729 Fällen kamen zur Verurtheilung in

Handel und Verkehr

Selbständige   Gehilfen   Angehörige   Summa
13308   13111   1257   27766 = 18⅓ pCt.

Der Handel und Verkehr sind also vierfach so stark an diesem Delikt betheiligt, wie es ihrem Procentsatz in der Bevölkerung entspricht; es ist demnach der doppelte Procentsatz der jüdischen Verbrecher nicht nur nicht hoch, sondern geringer als man dementsprechend hätte erwarten dürfen. Hierzu kommt die Thatsache, daß während die Zahl der Verurtheilungen von 1882—92 um 68 pCt. im allgemeinen stieg, diese Zunahme bei den Juden nur 14 pCt. betrug, also weit unter der allgemeinen Zunahme bleibt.

19b. Betrug in wiederholtem Rückfall.

In den Jahren	Verurtheilungen											Summa	Nach dem Procentsatz der jüdischen Bevölkerung hätten es sein dürfen:	Nimmt man die Sollzahl der auf die Juden entfallenden Verurtheilungen mit 1 an, so wurden thatsächlich Juden verurtheilt:
	1882	1883	1884	1885	1886	1887	1888	1889	1890	1891	1892			
Ueberhaupt	875	936	1044	1130	1249	1459	1485	1643	1703	1937	2116	15583		
Juden	10	11	16	13	14	25	18	12	14	25	18	176	186	0,94

Statt 186 Verurtheilungen entsprechend dem Bevölkerungsverhältniß thatsächlich 176 Verurtheilungen von Juden.

Ergänzend an die vorige Rubrik schließt sich diese, die die schwersten Betrugsfälle enthält, und gerade bei diesen sind die Juden bemerkenswerther Weise sehr wenig vertreten. Dies ist um so bedeutsamer, als auch bei diesem Verbrechen, wie bei dem vorigen, c. 18 pCt. der Fälle im Handel vorkommen.

19c. Untreue und Pflichtwidrigkeit des Vorstandes 2c. einer Aktiengesellschaft, Kommanditgesellschaft auf Actien, eingetragenen Genossenschaft, eingeschriebenen Hilfskasse, sowie Vergehen gegen das Bankgesetz.

In den Jahren	\multicolumn{11}{c}{Verurtheilungen}	Summa	Nach dem Procentsatz der jüdischen Bevölkerung hätten es sein dürfen:	Nimmt man die Sollzahl der auf die Juden entfallenden Verurtheilungen mit 1 an, so wurden thatsächlich Juden verurtheilt:
	1882	1883	1884	1885	1886	1887	1888	1889	1890	1891	1892			
Ueberhaupt	281	283	359	337	542	559	551	570	562	584	699	5327		
Juden	5	6	9	5	10	7	11	5	16	11	14	99	63	1,57

Statt 63 Verurtheilungen entsprechend dem Bevölkerungsverhältniß thatsächlich 99 Verurtheilungen von Juden.

19d. Verfälschung von Nahrungs- und Genußmitteln, Feilhalten verfälschter und verdorbener Genußmittel, wiederholte Zuwiderhandlungen gegen das Gesetz betreffend den Verkehr mit Ersatzmitteln für Butter.

In den Jahren	1882	1883	1884	1885	1886	1887	1888	1889	1890	1891	1892	Summa	Nach dem Procentsatz der jüdischen Bevölkerung hätten es sein dürfen:	Nimmt man die Sollzahl der auf die Juden entfallenden Verurtheilungen mit 1 an, so wurden thatsächlich Juden verurtheilt:
Ueberhaupt				1078	696	570	610	883	962	1012	1163	6974		
Juden				28	20	13	12	16	21	13	29	152	83	1,83

Statt 83 Verurtheilungen entsprechend dem Bevölkerungsverhältniß thatsächlich 152 Verurtheilungen von Juden.

Bezüglich beider Rubriken (19c und 19d) kann man auf das zu No. 19a Gesagte verweisen, denn da beide Vergehen speziell solche des Handelsstandes sind, so ist der Antheil der Juden nicht nur nicht besonders groß, sondern in Hinsicht auf ihre Betheiligung am Handel sogar besonders klein. Durch diese Thatsache erhält auch die landläufige Vorstellung über das Wesen der Börsenbesucher eine Correctur. Die Börsenbesucher werden einen erheblichen Theil zu den Verurtheilungen unter Rubrik 19c stellen, und man behauptet, daß die Börsenbesucher überwiegend Juden sind.

20a. Fälschung öffentlicher oder zum Beweise von Rechten dienender Urkunden.

In den Jahren	1882	1883	1884	1885	1886	1887	1888	1889	1890	1891	1892	Summa	Nach dem Procentsatz der jüdischen Bevölkerung hätten es sein dürfen:	Nimmt man die Sollzahl der auf die Juden entfallenden Verurtheilungen mit 1 an, so wurden thatsächlich Juden verurtheilt:
Ueberhaupt	2899	2933	2973	2895	2948	3130	3119	3430	3631	3856	4265	36079		
Juden	70	59	61	51	60	71	82	67	78	68	83	750	420	1,75

Statt 420 Verurtheilungen entsprechend dem Bevölkerungsverhältniß thatsächlich 750 Verurtheilungen von Juden.

20b. Unterdrückung ꝛc. von Urkunden.

In den Jahren	Verurtheilungen											Summa	Nach dem Procentsatz der jüdischen Bevölkerung hätten es sein dürfen:	Nimmt man die Sollzahl der auf die Juden entfallenden Verurtheilungen mit 1 an, so wurden thatsächlich Juden verurtheilt:
	1882	1883	1884	1885	1886	1887	1888	1889	1890	1891	1892			
Ueberhaupt	70	64	58	58	61	67	74	67	71	72	74	736		
Juden	1	3	3	1	1	—	3	1	5	2	5	25	9	2,78

Statt 9 Verurtheilungen entsprechend dem Bevölkerungsverhältniß thatsächlich 25 Verurtheilungen von Juden.

Auch von diesen beiden Rubriken gilt, was wir bei Rubrik 19a gesagt haben. Der Handel ist betheiligt bei 20a von 36079 Fällen mit 8025 = 22 pCt. bei 20b von 736 Fällen mit 185 = 25 pCt., folglich ist es nicht überraschend, daß auch die Zahl der bestraften Juden größer ist, als entsprechend ihrem Procentsatz in der Bevölkerung.

20c. Andere Fälle von Urkundenfälschung.

In den Jahren	Verurtheilungen											Summa	Nach dem Procentsatz der jüdischen Bevölkerung hätten es sein dürfen:	Nimmt man die Sollzahl der auf die Juden entfallenden Verurtheilungen mit 1 an, so wurden thatsächlich Juden verurtheilt:
	1882	1883	1884	1885	1886	1887	1888	1889	1890	1891	1892			
Ueberhaupt	49	44	42	34	57	49	23	39	28	30	83	478		
Juden	1	1	1	—	—	—	1	1	—	—	—	5	6	0,83

Statt 6 Verurtheilungen entsprechend dem Bevölkerungsverhältniß thatsächlich 5 Verurtheilungen von Juden.

21a. Betrügerischer Bankerott.

In den Jahren	Verurtheilungen											Summa	Nach dem Procentsatz der jüdischen Bevölkerung hätten es sein dürfen:	Nimmt man die Sollzahl der auf die Juden entfallenden Verurtheilungen mit 1 an, so wurden thatsächlich Juden verurtheilt:
	1882	1883	1884	1885	1886	1887	1888	1889	1890	1891	1892			
Ueberhaupt	158	135	148	145	137	176	157	147	144	186	181	1714		
Juden	19	19	14	18	20	29	7	18	5	19	23	191	20	9,55

Statt 20 Verurtheilungen entsprechend dem Bevölkerungsverhältniß thatsächlich 191 Verurtheilungen von Juden.

21b. Einfacher Bankerott.

In den Jahren	Verurtheilungen											Summa	Nach dem Procentsatz der jüdischen Bevölkerung hätten es sein dürfen:	Nimmt man die Sollzahl der auf die Juden entfallenden Verurtheilungen mit 1 an, so wurden thatsächlich Juden verurtheilt:
	1882	1883	1884	1885	1886	1887	1888	1889	1890	1891	1892			
Ueberhaupt	459	441	444	436	484	514	567	539	538	648	759	5829		
Juden	103	93	89	86	108	107	113	91	80	105	141	1116	69	16,18

Statt 69 Verurtheilungen entsprechend dem Bevölkerungsverhältniß thatsächlich 1116 Verurtheilungen von Juden.

21 c. Andere Verbrechen und Vergehen in Bezug auf ein Konkursverfahren.

In den Jahren	Verurtheilungen											Summa	Nach dem Procentsatz der jüdischen Bevölkerung hätten es sein dürfen:	Nimmt man die Sollzahl der auf die Juden entfallenden Verurtheilungen mit 1 an, so wurden thatsächlich Juden verurtheilt:
	1882	1883	1884	1885	1886	1887	1888	1889	1890	1891	1892			
Ueberhaupt	73	85	101	94	102	90	101	121	102	86	112	1067		
Juden	8	6	6	4	9	6	6	4	7	4	6	66	13	5,08

Statt 13 Verurtheilungen entsprechend dem Bevölkerungsverhältniß thatsächlich 66 Verurtheilungen von Juden.

Die Vergehen und Verbrechen dieser 3 Rubriken werden den Juden besonders häufig zum Vorwurf gemacht; es erklärt sich aber die hohe Betheiligung der Juden durch ihren hohen Procentsatz im Handelsstand. Dieser ist betheiligt bei

21 a	21 b	21 c
von 1714 Fällen mit 799 = 47 pCt. Die Juden mit 191 Fällen statt 20.	von 5827 Fällen mit 4528 = 78 pCt. Die Juden mit 1116 Fällen statt 69.	von 1067 Fällen mit 446 = 42 pCt. Die Juden mit 66 Fällen statt 13.

Es ist also auch der Procentsatz der Juden am höchsten bei 21 b, niedriger bei 21 a, am niedrigsten bei 21 c, entsprechend, wie der Handelsstand an diesen Delikten betheiligt ist. Durch die hohe Betheiligung dieses Standes erklärt sich dementsprechend der starke Procentsatz der unter diesen Rubriken verurtheilten Juden. Interessant ist im Vergleich dazu die folgende Tabelle, welche nachweist, daß die Zahl der Konkurse am häufigsten in den handeltreibenden Provinzen ist, auch wenn sie „judenrein" sind, am niedrigsten in den Provinzen mit wenig Handel, auch wenn, wie z. B. in der Provinz Posen, viel Juden dort wohnen.

	Auf 100000 Seelen kommen Juden	Auf 100000 Seelen waren Konkurse
in Posen	2530	7,5
in Westpreußen	1520	6,4
in Hessen Nassau	2080	13,4
in Schlesien	1140	8,9
in Baden	1610	13,9
in Hessen	2570	11,—
in Berlin	5020	10,—
in Schleswig Holstein	290	20,6
in Königreich Sachsen	270	25,10
in Sachsen Altenburg	26	21,50
in Reuß älterer Linie	99	43,8
in Reuß jüngerer Linie	120	20,8
in Lübeck	860	23,6
in Bremen	570	57,2

Es wird durch diese und die vorigen Tabellen nachgewiesen, daß die Zahl der Konkurse unabhängig von der Zahl der Juden ist und vor Allem von der Entwicklung und dem Zustand des Handels der betreffenden Gegenden abhängt.

22 a. Vergehen in Bezug auf Glückspiele und Lotterien.

In den Jahren	Verurtheilungen											Summa	Nach dem Procentsatz der jüdischen Bevölkerung hätten es sein dürfen:	Nimmt man die Sollzahl der auf die Juden entfallenden Verurtheilungen mit 1 an, so wurden thatsächlich Juden verurtheilt:
	1882	1883	1884	1885	1886	1887	1888	1889	1890	1891	1892			
Ueberhaupt	986	780	824	800	839	803	837	780	814	910	1001	9374		
Juden	30	26	32	42	17	24	18	27	20	25	39	300	112	2,68

Statt 112 Verurtheilungen entsprechend dem Bevölkerungsverhältniß thatsächlich 300 Verurtheilungen von Juden.

Schon aus dem stärkeren Antheil der Juden konnte man schließen, daß das Vergehen beim Handelsstand besonders häufig ist. Thatsächlich gehören auch 60 Prozent der in dieser Rubrik aufgeführten

Verurtheilten bem Beruf „Handel und Verkehr" an. Wenn also der Handel mit 5600 Fällen statt mit 400 betheiligt ist, hat es nichts auffallendes, daß die Juden 300 Fälle statt 112 zählen. Uebrigens ist dieses Delikt eines der leichtesten, da in der großen Mehrzahl der Fälle auf Geldstrafe erkannt wird.

22b. Beseitigung von Vermögensstücken bei drohender Zwangsvollstreckung.

In den Jahren	Verurtheilungen											Summa	Nach dem Procentsatz der jüdischen Bevölkerung hätten es sein dürfen:	Nimmt man die Zahl der auf die Juden entfallenden Verurtheilungen mit 1 an, so wurden thatsächlich Juden verurtheilt:
	1882	1883	1884	1885	1886	1887	1888	1889	1890	1891	1892			
Ueberhaupt	285	235	222	230	243	298	339	313	327	294	340	3126		
Juden	3	—	2	3	2	6	3	4	2	4	4	33	37	0,89

Statt 37 Verurtheilungen entsprechend dem Bevölkerungsverhältniß thatsächlich 33 Verurtheilungen von Juden.

22c. Verletzung fremden Gebrauchs- und Zurückbehaltungs-Rechtes.

In den Jahren	Verurtheilungen											Summa	Nach dem Procentsatz der jüdischen Bevölkerung hätten es sein dürfen:	Nimmt man die Zahl der auf die Juden entfallenden Verurtheilungen mit 1 an, so wurden thatsächlich Juden verurtheilt:
	1882	1883	1884	1885	1886	1887	1888	1889	1890	1891	1892			
Ueberhaupt	1776	1461	1450	1214	1239	1233	1345	1410	1507	2150	3137	17922		
Juden	17	15	17	4	13	9	20	9	11	15	18	148	213	0,69

Statt 213 Verurtheilungen entsprechend dem Bevölkerungsverhältniß thatsächlich 148 Verurtheilungen von Juden.

22d. Jagd- und Fischerei-Vergehen.

In den Jahren	Verurtheilungen											Summa	Nach dem Procentsatz der jüdischen Bevölkerung hätten es sein dürfen:	Nimmt man die Zahl der auf die Juden entfallenden Verurtheilungen mit 1 an, so wurden thatsächlich Juden verurtheilt:
	1882	1883	1884	1885	1886	1887	1888	1889	1890	1891	1892			
Ueberhaupt	6968	6891	6855	7578	7857	7339	6668	6031	5947	6926	6384	75444		
Juden	—	4	2	1	6	4	4	4	2	2	2	31	898	0,03

Statt 898 Verurtheilungen entsprechend dem Bevölkerungsverhältniß thatsächlich 31 Verurtheilungen von Juden.

Der geringe Antheil der Juden an diesen Vergehen ergiebt sich daraus, daß sie in der Jagd und Fischerei wenig beschäftigt sind.

22e. Verletzung fremder Geheimnisse.

In den Jahren	Verurtheilungen											Summa	Nach dem Procentsatz der jüdischen Bevölkerung hätten es sein dürfen:	Nimmt man die Zahl der auf die Juden entfallenden Verurtheilungen mit 1 an, so wurden thatsächlich Juden verurtheilt:
	1882	1883	1884	1885	1886	1887	1888	1889	1890	1891	1892			
Ueberhaupt	107	120	107	141	118	135	113	151	157	141	165	1455		
Juden	5	5	7	4	4	9	4	3	5	3	2	51	17	3

Statt 17 Verurtheilungen entsprechend dem Bevölkerungsverhältniß thatsächlich 51 Verurtheilungen von Juden.

Auch hier erklärt sich der größere Antheil der Juden sofort, wenn man die Thatsache in Betracht zieht, daß 290 Fälle, d. h. 20 pCt., auf die Berufsrubrik Handel und Verkehr fallen, d. h. mehr als viermal soviel, als der Vertretung dieses Berufes in der Bevölkerung entspricht.

22f. Wucher.

In den Jahren	1882	1883	1884	1885	1886	1887	1888	1889	1890	1891	1892	Summa	Nach dem Procentsatz der jüdischen Bevölkerung hätten es sein dürfen:	Nimmt man die Sollzahl der auf die Juden entfallenden Verurtheilungen mit 1 an, so wurden thatsächlich Juden verurtheilt:
Ueberhaupt	98	93	61	37	42	36	36	41	22	44	37	547		
Juden	21	16	12	10	3	8	8	4	5	7	6	100	6½	15,40

Statt 6½ Verurtheilungen entsprechend dem Bevölkerungsverhältniß thatsächlich 100 Verurtheilungen von Juden.

Unter der Rubrik „Handel und Verkehr" sind verurtheilt wegen Wucher in den Jahren:

1882	1883	1884	1885	1886	1887	1888	1889	1890	1891	1892	Summa
56	54	27	22	19	22	23	29	10	31	27	320

also 58 pCt. aller Fälle. Nun versteht sich von selbst, daß die Zahl der Juden viel größer sein muß, als ihrem Prozentsatz in der Bevölkerung entspricht, da ja ihr Antheil am Handelsstand ein so vielfach größerer ist. Uebrigens ist diese Tabelle nach dem Eingeständniß der amtlichen Statistik keineswegs zur Beurtheilung dieses Deliktes ausreichend. Die Kriminalstatistik des Jahres 1890 II fol. 9 sagt darüber:

„Auffallend gering ist die Zahl der wegen Wuchers Verurtheilten (1890 : 22, 1889 : 41). Offenbar hat der Wucher auch in Anbetracht des großen Raumes, welchen dies Delikt in der öffentlichen Diskussion einnimmt, eine erheblich größere Ausbreitung, als diese Zahlen erkennen lassen. Es scheint, als ob der Wucher zur Zeit sich zum großen Theil solcher Rechtsformen bedient, daß ihm auf Grund des bestehenden Rechtes nicht beigekommen werden kann. Daneben wird sich die geringe Zahl der Verurtheilten auch daraus erklären lassen, daß die durch das Delikt Verletzten, also die Bewucherten, im eigenen Interesse vielfach zu schweigen pflegen und der Nachweis des deliktischen Thatbestandes oft besonderen Schwierigkeiten unterliegt. Hierauf weist auch die große Zahl der Freigesprochenen bei diesem Delikt hin (1899 ; 42, 1889 : 55)."

22g. Andere Fälle des strafbaren Eigennutzes.

In den Jahren	1882	1883	1884	1885	1886	1887	1888	1889	1890	1891	1892	Summa	Nach dem Procentsatz der jüdischen Bevölkerung hätten es sein dürfen:	Nimmt man die Sollzahl der auf die Juden entfallenden Verurtheilungen mit 1 an, so wurden thatsächlich Juden verurtheilt:
Ueberhaupt	168	213	183	102	96	85	185	166	201	158	126	1683		
Juden	—	1	1	—	—	—	15	3	1	—	1	22	20	1,10

Statt 20 Verurtheilungen entsprechend dem Bevölkerungsverhältniß thatsächlich 22 Verurtheilungen von Juden.

Dieses Mehr von 2 Verurtheilungen in 11 Jahren bietet zu Bemerkungen keinen Anlaß.

22h. Vergehen resp. Verbrechen in Bezug auf das geistige Eigenthum.

In den Jahren	1882	1883	1884	1885	1886	1887	1888	1889	1890	1891	1892	Summa	Nach dem Procentsatz der jüdischen Bevölkerung hätten es sein dürfen:	Nimmt man die Sollzahl der auf die Juden entfallenden Verurtheilungen mit 1 an, so wurden thatsächlich Juden verurtheilt:
Ueberhaupt	83	68	77	82	90	110	98	113	90	88	134	1033		
Juden	11	7	9	4	11	9	10	14	7	12	16	110	12	9,17

Statt 12 Verurtheilungen entsprechend dem Bevölkerungsverhältniß thatsächlich 110 Verurtheilungen von Juden.

Auch bei diesem Vergehen entfallen 334 Fälle, d. h. 33 pCt., auf den Beruf „Handel und Verkehr", und es erklärt sich damit der hohe Antheil der Juden an dieser Strafthat.

	Nach dem Bevölkerungsverhältniß sollen sein	sind aber
Bei den in Handel und Verkehr Beschäftigten:	45 Fälle	334 Fälle
Juden:	12 „	110 „

23. Sachbeschädigung.

In den Jahren	Verurtheilungen											Summa	Nach dem Procentsatz der jüdischen Bevölkerung hätten es sein dürfen:	Nimmt man die Gesammtzahl der auf die Juden entfallenden Verurtheilungen mit 1 an, so wurden thatsächlich Juden verurtheilt:
	1882	1883	1884	1885	1886	1887	1888	1889	1890	1891	1892			
Ueberhaupt	11639	11153	12379	12812	12798	13000	12239	12880	13959	13839	14768	141565		
Juden	45	41	49	42	51	34	47	41	36	41	36	463	1685	0,27

Statt 1685 Verurtheilungen entsprechend dem Bevölkerungsverhältniß thatsächlich 463 Verurtheilungen von Juden.

Bei diesem Vergehen ist genau wie bei Diebstahl der Antheil der Juden sehr gering; auch ist hervorzuheben, daß die Zahl der wegen dieser Strafthat bestraften Juden gering geblieben ist, während die Gesamtzahl der Fälle um ca. 27 pCt. stieg.

24a. Brandstiftung.

In den Jahren	Verurtheilungen											Summa	Nach dem Procentsatz der jüdischen Bevölkerung hätten es sein dürfen:	Nimmt man die Gesammtzahl der auf die Juden entfallenden Verurtheilungen mit 1 an, so wurden thatsächlich Juden verurtheilt:
	1882	1883	1884	1885	1886	1887	1888	1889	1890	1891	1892			
Ueberhaupt	644	627	609	573	552	524	482	419	488	465	577	5960		
Juden	3	—	4	—	2	2	3	1	5	—	2	22	71	0,31

Statt 71 Verurtheilungen entsprechend dem Bevölkerungsverhältniß thatsächlich 22 Verurtheilungen von Juden.

24b. Fahrlässige Inbrandsetzung.

In den Jahren	Verurtheilungen											Summa	Nach dem Procentsatz der jüdischen Bevölkerung hätten es sein dürfen:	Nimmt man die Gesammtzahl der auf die Juden entfallenden Verurtheilungen mit 1 an, so wurden thatsächlich Juden verurtheilt:
	1882	1883	1884	1885	1886	1887	1888	1889	1890	1891	1892			
Ueberhaupt	536	569	480	653	581	748	522	513	641	660	1141	7044		
Juden	5	3	3	3	5	8	2	14	2	9	8	62	84	0,74

Statt 84 Verurtheilungen entsprechend dem Bevölkerungsverhältniß thatsächlich 62 Verurtheilungen von Juden.

24c. Vorsätzliche Gefährdung eines Eisenbahntransportes.

In den Jahren	Verurtheilungen											Summa	Nach dem Procentsatz der jüdischen Bevölkerung hätten es sein dürfen:	Nimmt man die Gesammtzahl der auf die Juden entfallenden Verurtheilungen mit 1 an, so wurden thatsächlich Juden verurtheilt:
	1882	1883	1884	1885	1886	1887	1888	1889	1890	1891	1892			
Ueberhaupt	16	11	16	10	19	17	14	14	9	14	21	161		
Juden	—	—	—	—	—	—	—	—	—	—	—	—	2	—

Dieses Verbrechen ist bei Juden überhaupt nicht vorgekommen.

24d. Fahrlässige Gefährdung eines Eisenbahntransportes.

In den Jahren	Verurtheilungen											Summa	Nach dem Procentsatz der jüdischen Bevölkerung hätten es sein dürfen:	Nimmt man die Gesammtzahl der auf die Juden entfallenden Verurtheilungen mit 1 an, so wurden thatsächlich Juden verurtheilt:
	1882	1883	1884	1885	1886	1887	1888	1889	1890	1891	1892			
Ueberhaupt	293	333	360	359	341	387	345	424	404	513	494	4253		
Juden	—	—	1	1	1	1	—	2	—	—	—	6	51	0,12

Statt 51 Verurtheilungen entsprechend dem Bevölkerungsverhältniß thatsächlich 6 Verurtheilungen von Juden.

24e. Wissentliche Verletzung von Absperrungsmaßregeln bei Viehseuchen,

insbesondere von Einfuhrverboten zur Abwehr der Rinderpest, sowie der Vorschriften über die Beseitigung von Ansteckungsstoffen bei Viehbeförderung auf Eisenbahnen.

In den Jahren	Verurtheilungen											Summa	Nach dem Procentsatz der jüdischen Bevölkerung hätten es sein dürfen:	Nimmt man die Gesammtzahl der auf die Juden entfallenden Verurtheilungen mit 1 an, so wurden thatsächlich Juden verurtheilt:
	1882	1883	1884	1885	1886	1887	1888	1889	1890	1891	1892			
Ueberhaupt	682	583	563	546	811	1051	978	825	1252	1076	769	9136		
Juden	24	21	17	19	14	19	21	22	32	50	37	276	109	2,53

Statt 109 Verurtheilungen entsprechend dem Bevölkerungsverhältniß thatsächlich 276 Verurtheilungen von Juden.

Bei dem starken Antheil der Juden am Viehhandel ist es selbstverständlich, daß sie auch bei diesem Delikt, das wesentlich bei der Ausübung dieses Handelszweiges vorkommt, stark betheiligt sein müssen.

24f. Andere gemeingefährliche Verbrechen und Vergehen.

In den Jahren	Verurtheilungen											Summa	Nach dem Procentsatz der jüdischen Bevölkerung hätten es sein dürfen:	Nimmt man die Gesammtzahl der auf die Juden entfallenden Verurtheilungen mit 1 an, so wurden thatsächlich Juden verurtheilt:
	1882	1883	1884	1885	1886	1887	1888	1889	1890	1891	1892			
Ueberhaupt	94	102	83	70	78	140	100	128	97	94	136	1122		
Juden	—	1	—	1	—	—	—	1	—	—	1	4	13	0,31

Statt 13 Verurtheilungen entsprechend dem Bevölkerungsverhältniß thatsächlich 4 Verurtheilungen von Juden.

24g. Herstellung und Feilhaltung gesundheitsschädlicher Nahrungs-Genußmittel und Gebrauchsgegenstände.

In den Jahren	Verurtheilungen											Summa	Nach dem Procentsatz der jüdischen Bevölkerung hätten es sein dürfen:	Nimmt man die Gesammtzahl der auf die Juden entfallenden Verurtheilungen mit 1 an, so wurden thatsächlich Juden verurtheilt:
	1882	1883	1884	1885	1886	1887	1888	1889	1890	1891	1892			
Ueberhaupt	896	911	317	384	324	359	359	343	385	340	368	4986		
Juden	42	33	23	14	16	16	15	22	13	24	18	236	59	4,00

Statt 59 Verurtheilungen entsprechend dem Bevölkerungsverhältniß thatsächlich 236 Verurtheilungen von Juden.

Wenn man in Betracht zieht, daß 1442, also 29 pCt., dieser Verurtheilungen auf die Rubrik „Handel und Verkehr" entfallen, so ist eine höhere Betheiligung der Juden, als nach ihrem Bevölkerungsprozentsatz, selbstverständlich.

	Nach dem Bevölkerungsverhältniß sollten sein	sind aber
Bei den in Handel und Verkehr Beschäftigten:	212 Fälle	1442 Fälle
Juden:	58 „	236 „

24h. Gefährdung durch Anwendung von Sprengstoffen und Vorbereitungshandlungen dazu.

In den Jahren	Verurtheilungen											Summa	Nach dem Procentsatz der jüdischen Bevölkerung hätten es sein dürfen:	Nimmt man die Sollzahl der auf die Juden entfallenden Verurtheilungen mit 1 an, so wurden thatsächlich Juden verurtheilt:
	1882	1883	1884	1885	1886	1887	1888	1889	1890	1891	1892			
Ueberhaupt	—	—	11	29	5	13	5	13	5	6	17	104		
Juden	—	—	—	—	—	—	—	—	—	—	—	—	1	—

Dieses Verbrechen kam bei Juden gar nicht vor.

25a. Bestechung (aktive).

In den Jahren	Verurtheilungen											Summa	Nach dem Procentsatz der jüdischen Bevölkerung hätten es sein dürfen:	Nimmt man die Sollzahl der auf die Juden entfallenden Verurtheilungen mit 1 an, so wurden thatsächlich Juden verurtheilt:
	1882	1883	1884	1885	1886	1887	1888	1889	1890	1891	1892			
Ueberhaupt	574	570	500	578	557	529	475	526	513	486	535	5933		
Juden	17	25	23	18	21	18	13	12	12	11	13	183	71	2,57

Statt 71 Verurtheilungen entsprechend dem Bevölkerungsverhältniß thatsächlich 183 Verurtheilungen von Juden.

Auch bei diesem Verbrechen stellt der Handel einen hohen Prozentsatz der Bestraften: 1241 Fälle = 21 pCt.; also mußten die Juden verhältnißmäßig hoch dabei betheiligt sein.

25b. Bestechung (passive).

In den Jahren	Verurtheilungen											Summa	Nach dem Procentsatz der jüdischen Bevölkerung hätten es sein dürfen:	Nimmt man die Sollzahl der auf die Juden entfallenden Verurtheilungen mit 1 an, so wurden thatsächlich Juden verurtheilt:
	1882	1883	1884	1885	1886	1887	1888	1889	1890	1891	1892			
Ueberhaupt	51	60	43	63	60	58	65	46	43	43	36	568		
Juden	—	—	—	1	—	—	—	1	—	—	—	2	7	0,28

Statt 7 Verurtheilungen entsprechend dem Bevölkerungsverhältniß thatsächlich 2 Verurtheilungen von Juden.

25c. Unterschlagung im Amte.

In den Jahren	Verurtheilungen											Summa	Nach dem Procentsatz der jüdischen Bevölkerung hätten es sein dürfen:	Nimmt man die Sollzahl der auf die Juden entfallenden Verurtheilungen mit 1 an, so wurden thatsächlich Juden verurtheilt:
	1882	1883	1884	1885	1886	1887	1888	1889	1890	1891	1892			
Ueberhaupt	454	448	454	382	420	407	413	427	410	396	434	4645		
Juden	—	—	1	—	1	2	1	—	—	2	—	7	55	0,13

Statt 55 Verurtheilungen entsprechend dem Bevölkerungsverhältniß thatsächlich 7 Verurtheilungen von Juden.

25 d. Andere Vergehen und Verbrechen im Amte.

In den Jahren	Verurtheilungen											Summa	Nach dem Procentsatz der jüdischen Bevölkerung hätten es sein dürfen:	Nimmt man die Sollzahl der auf die Juden entfallenden Verurtheilungen mit 1 an, so wurden thatsächlich Juden verurtheilt:
	1882	1883	1884	1885	1886	1887	1888	1889	1890	1891	1892			
Ueberhaupt	534	539	611	557	556	525	585	568	533	560	565	6133		
Juden	1	1	2	1	2	—	2	1	—	2	—	12	73	0,16

Statt 73 Verurtheilungen entsprechend dem Bevölkerungsverhältniß thatsächlich 12 Verurtheilungen von Juden.

Bei allen drei Rubriken 25 b. c. d. die ausschließlich von Beamten begangen werden können, sind die Juden nur sehr geringfügig betheiligt.

Recapitulation.

I. Verbrechen und Vergehen gegen Staat, öffentliche Ordnung und Religion.

In den Jahren	Verurtheilungen											Summa	Nach dem Procentsatz der jüdischen Bevölkerung hätten es sein dürfen:	Nimmt man die Sollzahl der auf die Juden entfallenden Verurtheilungen mit 1 an, so wurden thatsächlich Juden verurtheilt:
	1882	1883	1884	1885	1886	1887	1888	1889	1890	1891	1892			
Ueberhaupt	51023	51684	56082	56367	60458	62348	61806	62817	63748	61994	66892	655319		
Juden	726	822	806	757	781	820	826	724	815	687	792	8556	7802	1,10

Statt 7802 Verurtheilungen entsprechend dem Bevölkerungsverhältniß thatsächlich 8556 Verurtheilungen von Juden.

Die Differenz zu Ungunsten der Juden entsteht durch die Rubrik 4d, Verletzung der Wehrpflicht, und da dieses Vergehen nach Auffassung der amtlichen Statistik selbst (siehe 1891 II fol. 25) aus den Tabellen ausscheiden müßte, so ist bei dieser Position der Vergleich nicht ungünstig für die Juden. Auch kommt in Betracht, daß 1882—92 die Zahl der bestraften Juden rund um 9 pCt., die der gesammten Verbrechen in dieser Rubrik um 29 pCt. gestiegen ist.

II. Verbrechen und Vergehen gegen die Person.

In den Jahren	Verurtheilungen											Summa	Nach dem Procentsatz der jüdischen Bevölkerung hätten es sein dürfen:	Nimmt man die Sollzahl der auf die Juden entfallenden Verurtheilungen mit 1 an, so wurden thatsächlich Juden verurtheilt:
	1882	1883	1884	1885	1886	1887	1888	1889	1890	1891	1892			
Ueberhaupt	107398	112237	125299	127865	134019	137745	134669	139639	148096	149750	157928	1474645		
Juden	1196	1252	1263	1201	1315	1277	1324	1387	1393	1350	1386	14344	17555	0,82

Statt 17555 Verurtheilungen entsprechend dem Bevölkerungsverhältniß thatsächlich 14344 Verurtheilungen von Juden.

In dieser Rubrik ist der Antheil der Juden erheblich hinter der nach dem Prozentsatz in der Bevölkerung auf sie entfallenden Durchschnittszahl zurückgeblieben; aber es muß noch ferner berücksichtigt werden, daß bei einer Steigerung der Straftaten dieser Rubrik um 47 pCt. die jüdischen Verurtheilungen nur um 16 pCt. zugenommen haben.

III. Verbrechen und Vergehen gegen das Vermögen.

In den Jahren	Verurtheilungen											Summa	Nach dem Procentsatz der jüdischen Bevölkerung hätten es fein dürfen:	Nimmt man die Gesammtzahl der auf die Juden entfallenden Verurtheilungen mit 1 an, so wurden thatsächlich Juden verurtheilt:
	1882	1883	1884	1885	1886	1887	1888	1889	1890	1891	1892			
Ueberhaupt	169334	164590	162898	157275	150930	154745	152652	165621	168107	177835	196437	1826424		
Juden	1553	1378	1382	1264	1278	1311	1281	1356	1325	1438	1608	15184	21743	0,70

Statt 21743 Verurtheilungen entsprechend dem Bevölkerungsverhältniß thatsächlich 15184 Verurtheilungen von Juden.

IV. Verbrechen und Vergehen im Amte.

In den Jahren	Verurtheilungen											Summa	Nach dem Procentsatz der jüdischen Bevölkerung hätten es fein dürfen:	Nimmt man die Gesammtzahl der auf die Juden entfallenden Verurtheilungen mit 1 an, so wurden thatsächlich Juden verurtheilt:
	1882	1883	1884	1885	1886	1887	1888	1889	1890	1891	1892			
Ueberhaupt	1613	1617	1698	1580	1593	1519	1538	1567	1499	1485	1570	17279		
Juden	18	20	26	19	25	20	16	13	13	13	15	204	206	0,99

Statt 206 Verurtheilungen entsprechend dem Bevölkerungsverhältniß thatsächlich 204 Verurtheilungen von Juden.

Summe der Verbrechen und Vergehen gegen Reichsgesetze überhaupt.

In den Jahren	Verurtheilungen											Summa	Nach dem Procentsatz der jüdischen Bevölkerung hätten es fein dürfen:	Nimmt man die Gesammtzahl der auf die Juden entfallenden Verurtheilungen mit 1 an, so wurden thatsächlich Juden verurtheilt:
	1882	1883	1884	1885	1886	1887	1888	1889	1890	1891	1892			
Ueberhaupt	329968	330128	345977	343087	358000	356357	350665	369644	381450	391064	422327	3973067		
Juden	3493	3478	3467	3241	3399	3428	3447	3480	3546	3488	3801	38288	47306	0,81

Statt 47306 Verurtheilungen entsprechend dem Bevölkerungsverhältniß thatsächlich 38288 Verurtheilungen von Juden.

Der Vergleich der Gesamtsumme stellt sich für die Juden überaus günstig, indem sie nicht nur im Ganzen weniger Verbrechen und Vergehen begangen haben, als ihr Prozentsatz in der Bevölkerung erwarten ließ, sondern zudem eine viel geringere Steigerung der Bestrafungen zu verzeichnen haben, als die Nichtjuden; denn während bei diesen unter Berücksichtigung der respectiven Bevölkerungszunahmen die Zunahme 28 pCt. betrug, war sie bei den Juden 8 pCt.

Sachsen.

Die Kriminalität der christlichen Bewohner des Königreichs Sachsen und der Juden in Deutschland.

Wenn die Behauptung, welche übrigens nur noch von der Unwissenheit und von politischen und religiösen Fanatikern bestritten wird, richtig ist, daß der Beruf der wesentlichste Faktor für die Häufigkeit bestimmter Verbrechen ist, so muß die Kriminalstatistik einer stark handeltreibenden Bevölkerung sich der jüdischen annähern, da, durch die historische Entwickelung gezwungen, die Juden gleichfalls vorzugsweise dem Handelsstand angehören. Von allen größeren Distrikten des deutschen Reiches muß daher die Statistik der Verbrechen und Vergehen im Königreich Sachsen den geeignetsten Vergleich mit der Zahl der Verbrechen und Vergehen unter den Juden bilden, und wie die nachfolgende Tabelle lehrt, trifft dies auch im wesentlichen zu. Freilich kann dieser Vergleich nur eine Aehnlichkeit ergeben, denn, wenn auch die Zahl derjenigen, die dem Handelsberuf angehören, im Königreich Sachsen im Verhältniß zur Gesamtbevölkerung größer ist, als der Durchschnitt im deutschen Reiche ergiebt, so ist der Prozentsatz der Handeltreibenden gegenüber der Gesamtbevölkerung des Königreichs Sachsen doch immer noch nicht entfernt so hoch, wie der Prozentsatz der handeltreibenden Juden gegenüber den nicht handeltreibenden Juden.

Wir sehen nun in der That, daß die Einwohner des Königreichs Sachsen wie die Juden einen sehr hohen Prozentsatz zu folgenden Verbrechen resp. Vergehen stellen:

4 g) Zuwiderhandlungen gegen die Vorschriften bei Beschäftigung von Arbeiterinnen bzw. jugendlichen Arbeitern.
4 h) Zuwiderhandlungen in Bezug auf Konzessionspflicht ꝛc., sowie gegen behördliche Anordnungen betreffs der Sicherheitsvorrichtungen der gewerblichen Anlagen.
4 i) Andere Vergehen gegen die Gewerbeordnung.
5 a) Münzverbrechen.
10 f) Kuppelei.
10 g) Aergerniß durch unzüchtige Handlungen, Verbreitung unzüchtiger Schriften ꝛc.
12) Zweikampf.
17 b) Erpressung.
18 c) Gewerbs- und gewohnheitsmäßige Hehlerei.
19 a) Betrug.
19 b) Betrug im wiederholten Rückfalle.
19 c) Untreue und Pflichtwidrigkeiten des Vorstandes ꝛc. einer Aktiengesellschaft, Kommanditgesellschaft auf Aktien, eingetragenen Genossenschaft, eingeschriebenen Hilfskasse, ferner Vergehen gegen das Baugesetz.
20 a) Urkundenfälschung.
20 b) Unterdrückung von Urkunden.
21 a) Betrügerischer Bankerott.
21 c) Andere Vergehen gegen das Konkursgesetz.
22 e) Verletzung fremder Geheimnisse.
22 f) Wucher.
22 h) Vergehen in Bezug auf das geistige Eigenthum.
25 a) Aktive Bestechung.

Dies ist zugleich, wie hervorgehoben, die Liste der wesentlichsten Verbrechen und Vergehen, an denen auch die Juden stärker betheiligt sind, als ihrem Prozentsatz in der Bevölkerung entspricht.

Gemeinsam ist ferner den Juden mit den Einwohnern des Königreichs Sachsen der geringe Antheil an folgenden Verbrechen und Vergehen:

1) Hochverrath.
2) Beleidigung des Landesherrn. Beleidigung von Bundesfürsten.
4 a) Hausfriedensbruch.
4 c) Arrestbruch.
9) Verbrechen und Vergehen in Bezug auf den Personenstand.
13 d) Kindesmord.
13 f) Aussetzung.
13 g) Fahrlässige Tödtung.
14 a) Einfache Körperverletzung.
14 b) Gefährliche Körperverletzung.
14 c) Schwere Körperverletzung.
14 d) Betheiligung an einer Schlägerei, welche Tod oder schwere Körperverletzung zur Folge hatte.
15 c) Nöthigung und Bedrohung.
17 a) Raub und räuberische Erpressung auch im Rückfall.
18 b) Einfache Hehlerei.
20 c) Andere Fälle von Urkundenfälschung.
22 c) Verletzung fremden Gebrauchs- und Zurückbehaltungsrechtes.
23) Sachbeschädigung.
24 b) Fahrlässige Inbrandsetzung.
24 d) Fahrlässige Gefährdung eines Eisenbahntransportes.
25 b) Bestechung (passive).
25 d) Andere Verbrechen und Vergehen im Amte.

Dieser charakteristischen Uebereinstimmung gegenüber, welche sich wesentlich auf diejenigen Verbrechen und Vergehen bezieht, die besonders häufig im Handelsstande vorkommen, sind die wenigen vorhandenen Differenzen für unseren Vergleich nicht von wesentlichem Belang.

Die Juden stehen günstig, während die Einwohner des Königreichs Sachsen eine ihrem Prozentsatz entsprechende oder sogar eine noch größere Zahl von Verurtheilungen aufweisen: bei allen Sittlichkeits-Delikten, beim Mord, Todtschlag, Vergiftung, Abtreibung, endlich bei Diebstahl, Unterschlagung und Begünstigung, sowie bei Gewalt und Drohung gegen Beamte und Befreiung von Gefangenen.

Umgekehrt stehen die Einwohner des Königreichs Sachsen günstig, während die Juden eine zu hohe Betheiligung haben: bei Beleidigung, Vergehen gegen die Wehrpflicht, bei Eidesverbrechen und einfachem Bankerott. Letzteres ist eine sehr merkwürdige Erscheinung, denn, obgleich die Sachsen im einfachen Bankerott günstig stehen, stellen sie zu dem betrügerischen Bankerott einen enorm hohen Antheil, den sechsten Theil aller Fälle, die in Deutschland überhaupt vorkommen.

In der obigen Vergleichung sind eine Anzahl von Delikten, die entweder selten vorkommen oder keine wesentliche Abweichung von dem normalen Satze zeigen, unberücksichtigt geblieben, doch sind in der folgenden ausführlichen Tabelle alle in den amtlichen Quellen vorkommenden Rubriken zusammengestellt.

Endlich sei noch bemerkt, daß der Vergleich nur mit den christlichen Einwohnern des Königreiches Sachsen gemacht worden ist. Die kleine Zahl von Strafthaten, welche von Juden im Königreich Sachsen begangen worden ist, wurde jedesmal von der General-Summe abgezogen.

Nummer	Name des Delicts.	Zahl der Verurtheilten überhaupt in Deutschland.	Die Zahl der im Königreich Sachsen verurtheilten Christen		Die Zahl der in Deutschland verurtheilten Juden	
			war thatsächlich	hätte sein dürfen	war thatsächlich	hätte sein dürfen
1	Hochverrath und Landesverrath. Feindliche Handlungen gegen befreundete Staaten. Verbrechen und Vergehen in Bezug auf die Ausübung staatsbürgerlicher Rechte.	198	4	13	2	2,36
2	Beleidigung des Landesherrn. Beleidigung von Bundesfürsten.	5117	215	345	49	61
3a	Widerstand gegen die Staatsgewalt. Gewalt und Drohungen gegen Beamte.	140830	14285	9506	631	1676
3b	Befreiung von Gefangenen.	9754	1079	658	27	116
3c	Andere Fälle des Widerstandes gegen die Staatsgewalt.	3649	189	246	12	43
4a	Verbrechen und Vergehen wider die öffentliche Ordnung. Hausfriedensbruch.	172247	7584	11627	1369	2051
4b	Androhung eines gemeingefährlichen Verbrechens.	683	72	46	—	8
4c	Arrestbruch.	22065	511	1489	156	263
4d	Verletzung der Wehrpflicht.	202299	4304	13655	4006	2408
4e	Vergehen gegen die Verordnungen bezüglich der Schiffahrt.	905	—	61	—	11
4f	Andere Vergehen und Verbrechen wider Abschnitt VII, sowie Vergehen gegen § 49a des Str.-G.-B.	6240	319	421	77	74
4g	Zuwiderhandlungen gegen die Vorschriften über die Beschäftigung von Arbeiterinnen, sowie jugendlichen Arbeitern.	2857	665	193	261	34
4h	Zuwiderhandlungen in Bezug auf Konzessionspflicht ec., sowie gegen behördliche Anordnungen betreffs der Schutzvorrichtungen bei gewerblichen Anlagen.	48617	12683	3282	1068	579
4i	Andere Vergehen gegen die Gewerbeordnung.	3597	489	243	136	43
4k	Ungesetzliche Trauung durch den Geistlichen und vorschriftswidrige Eheschließung durch den Standesbeamten.	517	41	35	—	6
4l	Vergehen gegen die §§ 17—20, 22, 25, 28 des Gesetzes gegen die gemeingefährlichen Bestrebungen der Socialdemokratie.	1531	123	103	24	18
4m	Vergehen gegen die Reichsgesetze No. 114, 121—7, 141—3, 147, 151—4.	6110	315	412	92	73
5a	Münzverbrechen.	1535	133	104	20	18
5b	Münzvergehen.	868	39	59	25	10
6a	Meineid. Meineid.	9318	396	629	213	111

Nummer	Name des Delicts.	Zahl der Verurtheilten überhaupt in Deutschland.	Die Zahl der im Königreich Sachsen verurtheilten Christen war thatsächlich.	hätte sein dürfen.	Die Zahl der in Deutschland verurtheilten Juden war thatsächlich.	hätte sein dürfen.
6b	Fahrlässiger falscher Eid.	4533	145	306	96	54
6c	Verleitung zum Meineide oder falschen Eide.	2614	55	177	74	31
6d	Andere Verletzungen der Eidespflicht.	288	5	19	4	3,4
7	Falsche Anschuldigung.	5782	173	390	119	69
8	Vergehen welche sich auf die Religion beziehen.	3165	141	214	95	38
9	Verbrechen und Vergehen in Beziehung auf den Personenstand.	1150	45	78	7	14
	Verbrechen und Vergehen wider die Sittlichkeit.					
10a	Doppelehe.	623	40	42	2	7
10b	Blutschande.	3667	217	248	7	44
10c	Unzucht unter Mißbrauch eines Vertrauensverhältnisses.	456	44	31	3	5
10d	Widernatürliche Unzucht.	4162	236	281	20	50
10e	Unzucht mit Gewalt, an Bewußtlosen ꝛc., an Kindern, Nothzucht; Verleitung zum Beischlaf durch Täuschung.	33748	2905	2278	354	402
10f	Kuppelei.	19817	1493	1338	275	236
10g	Aergerniß durch unzüchtige Handlungen, Verbreitung unzüchtiger Schriften ꝛc.	16203	1996	1094	273	193
10h	Andere Vergehen wider die Sittlichkeit.	1722	216	116	17	21
11	Beleidigung.	472204	30972	31874	8149	5622
12	Zweikampf.	1149	151	78	73	14
	Verbrechen und Vergehen wider das Leben.					
13a	Mord.	1411	99	95	2	17
13b	Todtschlag.	1646	112	111	4	20
13c	Tödtung auf Verlangen des Getödteten.	10	2	1	—	—
13d	Kindesmord.	1945	105	131	5	23
13e	Abtreibung.	2655	257	180	30	32
13f	Aussetzung.	491	17	33	4	6
13g	Fahrlässige Tödtung.	6426	218	434	38	77
14a	Körperverletzung Einfache Körperverletzung.	213975	3621	14443	1910	2547
14b	Gefährliche Körperverletzung.	589295	19275	39777	2377	7015
14c	Schwere Körperverletzung.	6041	103	408	4	72

Nummer	Name des Delicts.	Zahl der Verurtheilten überhaupt in Deutschland.	Die Zahl der im Königreich Sachsen verurtheilten Christen war thatsächlich	hätte sein dürfen	Die Zahl der in Deutschland verurtheilten Juden war thatsächlich	hätte sein dürfen.
14d	Betheiligung an einer Schlägerei, welche Tod oder schwere Körperverletzung zur Folge hatte.	1679	26	114	1	20
14e	Vergiftung.	123	13	8	1	2
14f	Fahrlässige Körperverletzung.	22175	932	1497	276	264
15a	Verbrechen und Vergehen wider die persönliche Freiheit. Menschenraub und Entführung.	168	7	11	4	2
15b	Widerrechtliche Freiheitsentziehung.	2002	118	135	32	24
15c	Nöthigung und Bedrohung.	6970	2087	4705	476	830
16a	Diebstahl und Unterschlagung. Einfacher Diebstahl.	799248	59107	53949	3222	9515
16b	Einfacher Diebstahl in wiederholtem Rückfalle.	126065	10661	8509	360	1501
16c	Schwerer Diebstahl.	88219	6248	5955	326	1050
16d	Schwerer Diebstahl in wiederholtem Rückfalle.	28078	2117	1895	81	334
16e	Unterschlagung.	170007	12741	11475	1736	2024
17a	Raub und Erpressung. Raub und räuberische Erpressung, auch im Rückfalle.	4624	164	312	9	55
17b	Erpressung.	5351	405	362	162	64
18a	Begünstigung und Hehlerei. Begünstigung.	9976	825	673	70	118
18b	Einfache Hehlerei.	81740	4712	5517	860	973
18c	Gewerbs- und gewohnheitsmäßige Hehlerei.	2233	179	151	124	27
18d	Hehlerei in wiederholtem Rückfalle.	452	13	31	15	5
19a	Betrug und Untreue. Betrug.	151729	12746	10242	3775	1806
19b	Betrug in wiederholtem Rückfalle.	15583	2257	1052	176	186
19c	Untreue und Pflichtwidrigkeit des Vorstandes rc. einer Aktiengesellschaft, Kommanditgesellschaft auf Aktien, eingetragenen Genossenschaft, eingetragenen Hülfskasse, sowie Vergehen gegen das Bankgesetz.	5327	766	360	99	63
19d	Verfälschung von Nahrungs- und Genußmitteln, Feilhalten verfälschter oder verdorbener Nahrungs- und Genußmittel; wiederholte Zuwiderhandlungen gegen das Gesetz betr. den Verkehr mit Ersatzmitteln für Butter.	6974	155	471	152	83

Nummer	Name des Delicts	Zahl der Verurtheilten überhaupt in Deutschland.	Die Zahl der im Königreich Sachsen verurtheilten Christen		Die Zahl der in Deutschland verurtheilten Juden	
			war thatsächlich	hatte sein duržen	war thatsächlich	hatte sein dürfen.
20a	Urkundenfälschung. Fälschung öffentlicher oder zum Beweise von Rechten dienender Urkunden.	36079	3307	2435	750	429
20b	Unterdrückung 2c. von Urkunden.	736	52	50	25	9
20c	Andere Fälle der Urkundenfälschung.	478	27	32	5	6
21a	Bankerutt. Betrügerischer Bankerutt.	1714	280	116	191	20
21b	Einfacher Bankerutt.	5829	246	394	1116	69
21c	Andere Verbrechen und Vergehen in Bezug auf ein Konkursverfahren.	1067	142	72	66	13
22a	Strafbarer Eigennutz und Verletzung fremder Geheimnisse. Vergehen in Bezug auf Glücksspiele und Lotterien.	9374	593	633	300	112
22b	Beseitigung von Vermögensstücken bei drohender Zwangsvollstreckung.	3126	222	211	33	37
22c	Verletzung fremden Gebrauchs- oder Zurückbehaltungsrechtes.	17922	281	1210	148	213
22d	Jagd- und Fischereivergehen, sowie Vergehen gegen die Reichsgesetze über den Robbenfang und die Fischerei in der Nordsee.	75444	1119	5092	31	898
22e	Verletzung fremder Geheimnisse, sowie Vergehen gegen §§ 107, 108 des Unfallversicherungsgesetzes, §§ 127,128 des Gesetzes betr. die Unfall- und Krankenversicherung der in land- und forstwirthschaftlichen Betrieben beschäftigten Personen und §§ 152, 153 des Gesetzes betr. die Alter- und Invaliditätsversicherung.	1455	101	98	51	17
22f	Wucher.	547	41	37	100	6½
22g	Andere Fälle des strafbaren Eigennutzes.	1683	18	114	22	20
22h	Vergehen in Bezug auf das geistige Eigenthum.	1033	136	70	110	12
23	Sachbeschädigung.	141565	6124	9556	463	1685
24a	Gemeingefährliche Verbrechen und Vergehen. Brandstiftung.	5960	511	402	22	71
24b	Fahrlässige Inbrandsetzung.	7044	343	476	62	84
24c	Vorsätzliche Gefährdung eines Eisenbahntransports.	161	16	11	—	2
24d	Fahrlässige Gefährdung eines Eisenbahntransports.	4253	97	289	6	51

Nummer	Name des Delicts.	Zahl der Verurtheilten überhaupt in Deutschland.	Die Zahl der im Königreich Sachsen verurtheilten Christen		Die Zahl der in Deutschland verurtheilten Juden	
			war thatsächlich.	hätte sein dürfen.	war thatsächlich.	hätte sein dürfen.
24e	Wissentliche Verletzung von Absperrungsmaßregeln bei Viehseuchen, insbesondere von Einfuhrverboten zur Abwehr der Rinderpest, sowie der Vorschriften über die Beseitigung von Ansteckungsstoffen bei Viehbeförderung auf Eisenbahnen.	9136	143	617	276	109
24f	Andere gemeingefährliche Verbrechen und Vergehen.	1122	134	76	4	13
24g	Herstellung und Feilhalten gesundheitsschädlicher Nahrungs-, Genußmittel und Gebrauchsgegenstände.	4986	298	337	236	59
24h	Gefährdung durch Anwendung von Sprengstoffen und Vorbereitungshandlungen dazu.	104	3	7	—	1
25a	Verbrechen und Vergehen im Amte. Bestechung (active)	5933	431	400	183	71
25b	Bestechung (passive)	568	20	38	2	7
25c	Unterschlagung im Amte.	4645	315	314	7	55
25d	Andere Verbrechen und Vergehen im Amte.	6133	215	414	12	73
I	Verbrechen und Vergehen gegen Staat, öffentliche Ordnung und Religion.	655319	43965	44234	8556	7802
II	Verbrechen und Vergehen wider die Person.	1474645	65307	99539	14344	17555
III	Verbrechen und Vergehen wider das Vermögen.	1826424	127330	123284	15184	21743
IV	Verbrechen und Vergehen im Amte.	17279	981	1166	204	206
Summa	der Verbrechen und Vergehen gegen Reichsgesetze überhaupt.	3973667	237583	268222	38288	47306

Freisprechungen.

Einer oberflächlichen Durchsicht der in der Kriminalstatistik niedergelegten einzelnen Thatsachen kann leicht die große Anzahl von Freisprechungen auffallen, die bei der Rubrik Juden hervortritt. Wir finden in der That unter dieser Rubrik eine prozentuell größere Ziffer Freigesprochener, als den übrigen Zahlen verhältnißmäßig entsprechen würde, und manche befangene Beurtheiler lassen sich daher zu dem voreiligen Schluß verleiten, daß die Juden aus dem Grunde häufiger freigesprochen werden, weil sie in der Vertheidigung gewandter seien, als die Nichtjuden. Andererseits würde man zu weit gehen, wenn man behaupten wollte, daß unter dem Einfluß der Zeitströmung ein Jude den Staatsanwälten von vornherein einer Strafthat eher verdächtig erscheine, und daß deshalb die Anklage gegen Juden nicht selten zu leicht erhoben würde. Beide Anschauungen sind in ihrer Allgemeinheit nicht zutreffend, und zu einem richtigen Urtheil kommt man nur, wenn man die Einwirkung der einzelnen Berufe und der sozialen Lage der Angeklagten zugleich mit in Betracht zieht. Man wird ohne weiteres zugeben, daß es einem Angeklagten, der in der Lage ist, einen tüchtigen Anwalt zu nehmen und der für seine Vertheidigung Geldmittel aufzuwenden im Stande ist, leichter wird, seine Unschuld nachzuweisen, als einem armen, ungebildeten und ungeschickten Teufel, der auf den Dienst eines Offizialvertheidigers angewiesen wird. Natürlich wirken noch andere Gründe mit: zahlreiche Denunziationen z. B. wegen Betrug, Bankerott ꝛc. können sich nach der Natur dieser Delikte vorzugsweise nur gegen selbstständige Erwerbtreibende, insbesondere Kaufleute, richten, und vermögende Personen bieten dem Neid, der Nachsucht ꝛc. eine Zielscheibe, die leichter zu falschen Anschuldigungen und zur Erhebung von Anklagen führt, als dies gegenüber Personen der Fall ist, die der Mißgunst weniger in die Augen stechen. Die Juden aber gehören in ihrer Mehrzahl dem Handelsberuf und diesem wieder besonders als selbstständige Handeltreibende an, und aus diesem Antheil läßt sich ohne weiteres schließen, daß die Zahl der Freisprechungen bei ihnen größer als im allgemeinen Durchschnitt sein muß. Will man daher richtig vergleichen, so muß man die Selbstständigen der Rubrik „Handel und Verkehr" mit den Juden in Parallele stellen. Aber die Selbstständigen der anderen Rubriken, die gleichfalls dem Neide und der falschen Anschuldigung ausgesetzt sind, haben weit mehr Freigesprochene als der Durchschnitt, und als Beispiel hierfür sind in den folgenden Tabellen die Selbstständigen in der Landwirthschaft mit aufgenommen.

Da die vorliegende Arbeit einen zu großen Umfang erhalten hätte, wenn alle 98 einzelnen Positionen der Kriminalstatistik auch unter dieser Tabelle aufgezählt worden wären, so mußten wir uns auf die 5 zusammenfassenden Rubriken und einige Stichproben aus den einzelnen Delikten beschränken. Diese Stichproben sind gerade aus den kaufmännischen Delikten gewählt, weil bei diesen die Juden und folglich auch die freigesprochenen Juden einen stärkeren Prozentsatz bilden, als es der normalen Zahl entspräche.

Die folgenden Tabellen ergeben übereinstimmend als Resultat, daß der Prozentsatz der freigesprochenen Juden von dem Satze der freigesprochenen selbstständigen Gewerbtreibenden überhaupt im Handel, wie in der Landwirthschaft nicht wesentlich abweicht, und daß zugleich in allen 3 Rubriken gleichmäßig weit mehr Freisprechungen als im allgemeinen Durchschnitt vorkommen.

Sämmtliche Verbrechen und Vergehen.

Jahres-zahl	Personen überhaupt		Selbstständige in: Landwirthschaft		Selbstständige in: Handel und Verkehr		Juden	
	verurtheilt	freigesprochen	verurtheilt	freigesprochen	verurtheilt	freigesprochen	verurtheilt	freigesprochen
1882	329968	73636	18822	7322	17061	6253	3493	1451
1883	330126	73954	18402	7350	16422	6250	3478	1566
1884	345977	78915	19903	8086	17855	6805	3487	1581
1885	343087	77876	20050	7933	17685	6500	3241	1353
1886	353000	79807	19913	7919	18542	6647	3399	1390
1887	356357	79837	20382	7988	18784	6628	3428	1290
1888	350665	79690	19455	8091	18743	6661	3447	1285
1889	369644	85525	19261	8076	19093	7127	3480	1410
1890	381450	90850	19415	8809	19716	7462	3546	1463
	3100276	720090 = 19 pCt.	175603	71574 = 29 pCt.	164501	60333 = 27 pCt.	30999	12769 = 29 pCt.

I. Verbrechen und Vergehen gegen Staat, öffentliche Ordnung und Religion.

Jahres-zahl	Personen überhaupt		Selbstständige in: Landwirthschaft		Selbstständige in: Handel und Verkehr		Juden	
	verurtheilt	freigesprochen	verurtheilt	freigesprochen	verurtheilt	freigesprochen	verurtheilt	freigesprochen
1882	51623	8028	2377	757	3972	777	726	161
1883	51684	7893	2106	773	3618	685	822	187
1884	56082	8041	2251	741	3812	727	806	143
1885	56367	7801	2230	784	3949	632	757	152
1886	60458	8059	2230	772	4265	674	781	153
1887	62348	7885	2276	719	4473	689	820	118
1888	61806	8007	2137	691	4476	679	826	117
1889	62317	8666	2110	734	4921	761	724	115
1890	63748	9319	2026	771	4519	764	815	140
	526933	73634 = 12 pCt.	19743	6742 = 25 pCt.	38005	6388 = 14 pCt.	7077	1286 = 15 pCt.

II. Verbrechen und Vergehen gegen die Person.

Jahres-zahl	Personen überhaupt		Selbstständige in: Landwirthschaft		Selbstständige in: Handel und Verkehr		Juden	
	verurtheilt	freigesprochen	verurtheilt	freigesprochen	verurtheilt	freigesprochen	verurtheilt	freigesprochen
1882	107398	28789	9304	3417	6478	2300	1196	489
1883	112237	29707	9648	3453	6731	2435	1252	502
1884	125299	33561	10873	3966	7784	2797	1263	613
1885	127865	34318	11032	3925	7730	2782	1201	501
1886	134019	35321	10936	3815	8102	2876	1315	535
1887	137745	36154	11306	4047	8287	2849	1277	500
1888	134669	36019	10790	4019	8154	2995	1324	518
1889	139639	37452	10642	4015	8484	3060	1387	547
1890	148096	40422	11087	4438	8653	3145	1393	573
	1166067	311743 = 21 pCt.	95618	35095 = 27 pCt.	70403	25248 = 26 pCt.	11608	4778 = 29 pCt.

III. Verbrechen und Vergehen gegen das Vermögen.

Jahres-zahl	Personen überhaupt		Selbstständige in: Landwirthschaft		Selbstständige in: Handel und Verkehr		Juden	
	verurtheilt	freigesprochen	verurtheilt	freigesprochen	verurtheilt	freigesprochen	verurtheilt	freigesprochen
1882	169334	36408	7025	3114	6530	3154	1553	796
1883	164590	36055	6497	3079	5998	3117	1378	871
1884	162808	36970	6630	3323	6145	3264	1392	819
1885	157275	35436	6610	3188	5919	3073	1264	696
1886	156930	36078	6582	3278	6078	3073	1278	691
1887	154745	35481	6669	3184	5932	3072	1311	669
1888	152652	35346	6396	3331	6030	2970	1281	626
1889	165621	39099	6361	3290	6222	3289	1356	744
1890	168107	40795	6189	3561	6473	3537	1325	746
	1452152	331758	58959	29348	55327	28549	12138	6658
		= 19 pCt.		= 33 pCt.		= 34 pCt.		= 35 pCt.

IV. Verbrechen und Vergehen im Amte.

Jahres-zahl	Personen überhaupt		Selbstständige in: Landwirthschaft		Selbstständige in: Handel und Verkehr		Juden	
	verurtheilt	freigesprochen	verurtheilt	freigesprochen	verurtheilt	freigesprochen	verurtheilt	freigesprochen
1882	1613	326	116	34	81	13	18	5
1883	1617	359	151	45	75	13	26	6
1884	1698	343	149	56	114	17	26	6
1885	1580	321	178	36	87	13	19	4
1886	1593	349	165	54	97	24	25	11
1887	1519	317	131	38	92	18	20	3
1888	1538	318	132	50	83	17	16	4
1889	1567	308	148	37	66	17	13	4
1890	1499	314	113	39	71	16	13	4
	14224	2955	1283	389	766	148	176	47
		= 17 pCt.		= 23 pCt.		= 16 pCt.		= 21 pCt.

10g. Verbreitung unzüchtiger Schriften.

Jahres-zahl	Personen überhaupt		Selbstständige in: Landwirthschaft		Selbstständige in: Handel und Verkehr		Juden	
	verurtheilt	freigesprochen	verurtheilt	freigesprochen	verurtheilt	freigesprochen	verurtheilt	freigesprochen
1882	1404	319	52	17	117	48	26	14
1883	1277	310	40	13	74	33	23	7
1884	1403	304	40	14	94	29	18	5
1885	1514	332	35	13	121	39	23	7
1886	1465	339	47	13	118	47	16	9
1887	1472	297	43	10	116	26	33	8
1888	1377	349	39	13	109	43	18	11
1889	1404	316	46	5	114	32	22	9
1890	1554	307	40	12	136	46	32	11
	12870	2873	382	110	999	343	211	81
		= 18 pCt.		= 22 pCt.		= 26 pCt.		= 28 pCt.

16e. Unterschlagung.

Jahres-zahl	Personen überhaupt		Selbstständige in: Landwirthschaft		Selbstständige in: Handel und Verkehr		Juden	
	verurtheilt	freigesprochen	verurtheilt	freigesprochen	verurtheilt	freigesprochen	verurtheilt	freigesprochen
1882	14577	3293	375	197	757	374	187	115
1883	14568	3475	401	183	680	353	148	98
1884	14630	3426	403	188	699	392	147	93
1885	14432	3391	422	178	666	370	157	87
1886	14731	3294	393	194	678	344	129	77
1887	14504	3264	389	181	679	340	145	67
1888	14781	3400	400	239	667	342	143	61
1889	15888	3780	435	210	732	401	162	82
1890	16340	3775	416	232	648	358	162	77
	134451	31098 = 18 pCt.	3634	1808 = 33 pCt.	6206	3274 = 35 pCt.	1380	757 = 35 pCt.

17b. Erpressung.

Jahres-zahl	Personen überhaupt		Selbstständige in: Landwirthschaft		Selbstständige in: Handel und Verkehr		Juden	
	verurtheilt	freigesprochen	verurtheilt	freigesprochen	verurtheilt	freigesprochen	verurtheilt	freigesprochen
1882	526	190	33	19	45	27	9	16
1883	481	209	20	14	61	42	22	15
1884	473	213	23	10	55	44	11	22
1885	452	258	22	20	62	44	15	11
1886	426	189	19	18	48	37	10	9
1887	455	182	14	19	50	39	20	6
1888	457	188	20	18	47	30	13	10
1889	467	193	28	18	52	41	11	19
1890	504	289	22	22	73	39	17	8
	4241	1901 = 31 pCt.	201	164 = 45 pCt.	493	343 = 41 pCt.	128	116 = 47 pCt.

19a. Betrug.

Jahres-zahl	Personen überhaupt		Selbstständige in: Landwirthschaft		Selbstständige in: Handel und Verkehr		Juden	
	verurtheilt	freigesprochen	verurtheilt	freigesprochen	verurtheilt	freigesprochen	verurtheilt	freigesprochen
1882	11094	3190	365	228	1126	664	332	228
1883	11451	3261	352	252	1085	683	313	246
1884	12275	3596	416	270	1326	783	345	232
1885	11482	3479	397	280	1035	700	304	214
1886	12360	3944	431	378	1120	747	353	245
1887	13101	3867	469	265	1140	734	334	242
1888	13493	4235	486	352	1123	777	324	234
1889	15205	4688	425	306	1273	852	348	259
1890	15661	5135	501	362	1259	930	366	265
	116122	35395 = 23 pCt.	3842	2693 = 41 pCt.	10487	6870 = 40 pCt.	3019	2165 = 42 pCt.

20a. Urkundenfälschung.

Jahres-zahl	Personen überhaupt		Selbstständige in: Landwirthschaft		Selbstständige in: Handel und Verkehr		Juden	
	verurtheilt	freigesprochen	verurtheilt	freigesprochen	verurtheilt	freigesprochen	verurtheilt	freigesprochen
1882	2899	427	157	25	225	68	70	14
1883	2933	437	150	35	248	63	59	23
1884	2973	422	157	58	230	60	61	19
1885	2895	395	169	39	242	61	51	15
1886	2948	382	178	39	236	52	60	18
1887	3130	367	181	36	263	50	71	19
1888	3119	470	141	53	225	46	82	15
1889	3430	414	171	42	172	52	67	10
1890	3631	489	170	52	241	67	78	21
	27958	3803	1474	379	2082	519	599	154
		= 12 pCt.		= 20 pCt.		= 20 pCt.		= 20 pCt.

22h. Vergehen in Bezug auf das geistige Eigenthum.

Jahres-zahl	Personen überhaupt		Selbstständige in: Landwirthschaft		Selbstständige in: Handel und Verkehr		Juden	
	verurtheilt	freigesprochen	verurtheilt	freigesprochen	verurtheilt	freigesprochen	verurtheilt	freigesprochen
1882	83	52	1	—	27	27	11	6
1883	68	60	2	—	16	13	7	8
1884	77	98	—	—	18	25	9	8
1885	82	58	—	—	25	17	4	6
1886	90	103	—	—	21	17	11	10
1887	110	75	—	—	29	34	9	17
1888	98	86	—	—	39	34	10	20
1889	113	98	—	1	36	38	14	19
1890	90	71	—	—	19	23	7	4
	811	701	3	1	230	228	82	98
		= 46 pCt.		= 33⅓ pCt.		= 50 pCt.		= 54 pCt.

24e. Verletzung von Absperrungsmaßregeln bei Viehseuchen.

Jahres-zahl	Personen überhaupt		Selbstständige in: Landwirthschaft		Selbstständige in: Handel und Verkehr		Juden	
	verurtheilt	freigesprochen	verurtheilt	freigesprochen	verurtheilt	freigesprochen	verurtheilt	freigesprochen
1882	682	214	273	67	46	23	24	12
1883	583	197	206	69	56	34	21	22
1884	563	302	191	98	59	43	17	13
1885	546	190	168	61	42	14	19	5
1886	811	311	258	108	52	45	14	15
1887	1051	387	325	146	53	24	19	7
1888	978	201	308	99	43	28	21	13
1889	825	284	259	95	60	43	22	19
1890	1252	416	362	129	75	60	32	36
	7291	2502	2350	872	486	314	189	142
		= 26 pCt.		= 27 pCt.		= 39 pCt.		= 43 pCt.

Die Kriminalität

der

christlichen und der jüdischen Bewohner

Oesterreichs.

Die österreichische Kriminalstatistik zerfällt in 3 Rubriken:
1) Verbrechen, welche mit Todesstrafe oder Kerker bestraft werden,
2) Vergehen } Diese beiden Rubriken enthalten die leichteren Vergehen,
3) Uebertretungen } auf welche Arrest oder Geldstrafe steht.

Zu einem Vergleich in Bezug auf den Antheil der Juden an den Verurtheilungen können nur die Delikte der ersten Rubrik herangezogen werden, denn bei den Uebertretungen, die den größten Theil aller Fälle ausmachen (1891: 550 271), fehlen die Nachweise der persönlichen Verhältnisse der Verurtheilten, also auch die Angabe der Konfession. Dadurch werden aber die Nachweise auch bei den Vergehen (1891: 6127 Fälle) nutzlos, denn diese Delikte sind wesentlich gleichartig.

Bei der Benutzung der folgenden Tabelle muß man daher immer im Gedächtniß behalten, daß es sich nur um die schweren Verbrechen handelt, die verglichen werden. Wo der Vergleich zu Gunsten der Juden ist, in 26 Fällen, ist nichts weiteres angemeldet, in den 13 anderen ist eine Erläuterung beigegeben, doch sind bei 6 davon die Zahlen und Differenz so niedrig, daß eine Folgerung daraus unzulässig erscheint. Als Verbrechen, an denen die Juden über ihren Prozentsatz in der Bevölkerung betheiligt sind, verbleiben:

1) Oeffentliche Gewaltthätigkeit durch Entführung.
2) Verleitung zum Mißbrauch der Amtsgewalt.
3) Religionsstörung.
4) Zweikampf.
5) Veruntreuung.
6) Betrug.
7) Verleumdung.

Von diesen 7 Delikten nimmt der Zweikampf eine eigenartige Stellung ein. Wir finden gerade an den Bestrafungen wegen Zweikampfs die Juden hervorragend betheiligt, und wir werden sicher nicht fehlgehen, wenn wir diesen großen Antheil auf das Conto der antisemitischen Strömung sehen, die besonders an einigen Hochschulen florirt. Die durch die Vertreter dieser Strömung beleidigten Juden greifen zu den Waffen, um sich zu wehren, und verfallen so dem Gesetz. Der nur zu häufig gehörten Behauptung von der Feigheit der Juden widerspricht ihre hohe Betheiligung am Zweikampf sowohl in Oesterreich als in Deutschland (vergl. Seite 12) nachdrücklichst.

Die anderen 6 Delikte, an denen die Juden stärker betheiligt sind, als ihrem Prozentsatz in der Bevölkerung entspricht, charakterisiren sich alle als Delikte, die vor allem häufig im Handelsstand vorkommen, obwohl sie Namen zunächst nicht darauf schließen lassen. Das Nähere darüber findet sich unter den einzelnen Positionen; hervorzuheben ist nur, daß der Handelsstand, also insbesondere auch der christliche, stärker an diesen kaufmännischen Delikten betheiligt ist, als entsprechend die Bekenner des jüdischen Glaubens, z. B.

wegen Betruges wurden bestraft:

überhaupt	Kaufleute	Nach dem Berufsprozentsatz sollten es sein	Juden	Nach der Seelenzahl sollten es sein
26751	10560	also 4,48 pt.	4015	1248 also 3,22

Also 4,48 pCt. christliche Kaufleute gegen 3,22 pCt. Juden.

Ebenso liegt es bei den anderen kaufmännischen Delikten. Wir sehen also auch in der österreichischen Statistik deutlich die Thatsache, daß die Juden an den Verbrechen, die im Handelsstand häufig vorkommen, entsprechend größeren Antheil haben als die Christen, aber wir sehen auch, daß dieser Antheil in keinem Falle größer, vielfach kleiner ist, als der der nichtjüdischen Handeltreibenden.

Dagegen ist das Gesammtbild in Oesterreich ein sehr günstiges. Gerade bei den schwersten Verbrechen, gegen das Leben, gegen die Sittlichkeit und bei den Gewaltthätigkeitsverbrechen, sind die Juden viel weniger betheiligt als die Nicht-Juden; auch wenn man alle Verbrechen zusammenzählt, ist das Verhältniß durchaus günstig für die Juden. Dazu kommt noch, daß die jüdische Kriminalität fortwährend in Fallen ist und zwar absolut und relativ. War noch 1882 die Zahl aller Verbrechen von Juden 1326, so ist sie 1891 auf 1022 heruntergegangen, und der Prozentsatz, der noch 1882 sich auf 4,13 pCt. belief, ist 1891 auf 3,53 zurückgegangen.

So ergänzt denn die österreichische Kriminalstatistik vortheilhaft das Bild von dem Antheil der Juden am Verbrechen, das die deutsche Kriminalstatistik bietet.

Hochverrath.

In den Jahren	Verurtheilungen										Summa	Nach dem Procentsatz der jüdischen Bevölkerung hatten es sein dürfen:	Nimmt man die Zahl der auf die Juden entfallenden Verurtheilungen mit 1 an, so wurden thatsächlich Juden verurtheilt:
	1882	1883	1884	1885	1886	1887	1888	1889	1890	1891			
Ueberhaupt	1	3	27	11	9	2	1	5	—	—	59		
Juden	—	—	2	—	—	—	—	—	—	—	2	2,8	0,71

Statt 2,8 Verurtheilungen entsprechend dem Bevölkerungsverhältniß thatsächlich 2 Verurtheilungen von Juden.

Majestätsbeleidigung.

In den Jahren	Verurtheilungen										Summa	Nach dem Procentsatz der jüdischen Bevölkerung hatten es sein dürfen:	Nimmt man die Zahl der auf die Juden entfallenden Verurtheilungen mit 1 an, so wurden thatsächlich Juden verurtheilt:
	1882	1883	1884	1885	1886	1887	1888	1889	1890	1891			
Ueberhaupt	322	354	306	302	250	283	246	240	228	191	2722		
Juden	8	6	3	2	2	11	7	5	5	2	51	127	0,40

Statt 127 Verurtheilungen entsprechend dem Bevölkerungsverhältniß thatsächlich 51 Verurtheilungen von Juden.

Beleidigung der Mitglieder des kaiserlichen Hauses.

In den Jahren	Verurtheilungen										Summa	Nach dem Procentsatz der jüdischen Bevölkerung hätten es sein dürfen:	Nimmt man die Zahl der auf die Juden entfallenden Verurtheilungen mit 1 an, so wurden thatsächlich Juden verurtheilt:
	1882	1883	1884	1885	1886	1887	1888	1889	1890	1891			
Ueberhaupt	17	39	30	16	22	19	25	73	29	19	289		
Juden	1	1	—	—	1	5	2	5	—	1	16	13,5	1,15

Statt 13,5 Verurtheilungen entsprechend dem Bevölkerungsverhältniß thatsächlich 16 Verurtheilungen von Juden.

Störung der öffentlichen Ruhe.

In den Jahren	Verurtheilungen										Summa	Nach dem Procentsatz der jüdischen Bevölkerung hätten es sein dürfen:	Nimmt man die Zahl der auf die Juden entfallenden Verurtheilungen mit 1 an, so wurden thatsächlich Juden verurtheilt:
	1882	1883	1884	1885	1886	1887	1888	1889	1890	1891			
Ueberhaupt	10	11	17	3	4	5	3	2	4	2	61		
Juden	—	—	—	—	—	—	—	—	—	—	—	3	—

Dieses Verbrechen kam in den 10 Jahren bei den Juden gar nicht vor.

Aufstand und Aufruhr.

In den Jahren	Verurtheilungen										Summa	Nach dem Procentsatz der jüdischen Bevölkerung hätten es sein dürfen:	Nimmt man die Sollzahl der auf die Juden entfallenden Verurtheilungen mit 1 an, so wurden thatsächlich Juden verurtheilt:
	1882	1883	1884	1885	1886	1887	1888	1889	1890	1891			
Ueberhaupt	2	5	4	1	—	—	1	4	3	1	21		
Juden	—	—	—	—	—	—	—	—	—	—	—	1	—

Dieses Verbrechen kam in den 10 Jahren bei den Juden gar nicht vor.

Oeffentliche Gewaltthätigkeit durch gewaltsames Handeln gegen eine von der Regierung einberufene Versammlung, ein Gericht ꝛc.

In den Jahren	Verurtheilungen										Summa	Nach dem Procentsatz der jüdischen Bevölkerung hätten es sein dürfen:	Nimmt man die Sollzahl der auf die Juden entfallenden Verurtheilungen mit 1 an, so wurden thatsächlich Juden verurtheilt:
	1882	1883	1884	1885	1886	1887	1888	1889	1890	1891			
Ueberhaupt	7	—	7	—	3	2	—	1	2	—	22		
Juden	—	—	—	—	—	—	—	—	—	—	—	1	—

Dieses Verbrechen kam in den 10 Jahren bei den Juden gar nicht vor.

Oeffentliche Gewaltthätigkeit durch gewaltsames Handeln gegen gesetzlich anerkannte Körperschaften und Versammlungen.

In den Jahren	Verurtheilungen										Summa	Nach dem Procentsatz der jüdischen Bevölkerung hätten es sein dürfen:	Nimmt man die Sollzahl der auf die Juden entfallenden Verurtheilungen mit 1 an, so wurden thatsächlich Juden verurtheilt:
	1882	1883	1884	1885	1886	1887	1888	1889	1890	1891			
Ueberhaupt	—	—	—	—	—	—	—	—	—	—	—		
Juden	—	—	—	—	—	—	—	—	—	—	—		

Oeffentliche Gewaltsamkeit durch gewaltsame Handanlegung oder gefährliche Drohung gegen obrigkeitliche Personen in Amtssachen.

In den Jahren	Verurtheilungen										Summa	Nach dem Procentsatz der jüdischen Bevölkerung hätten es sein dürfen:	Nimmt man die Sollzahl der auf die Juden entfallenden Verurtheilungen mit 1 an, so wurden thatsächlich Juden verurtheilt:
	1882	1883	1884	1885	1886	1887	1888	1889	1890	1891			
Ueberhaupt	1594	1560	1530	1683	1835	1621	1764	1735	1827	1851	17000		
Juden	48	53	61	44	24	40	55	37	43	45	450	793	0,57

Statt 793 Verurtheilungen entsprechend dem Bevölkerungsverhältniß thatsächlich 450 Verurtheilungen von Juden.

Oeffentliche Gewaltthätigkeit durch gewaltsamen Einfall in fremdes unbewegliches Gut.

In den Jahren	Verurtheilungen										Summa	Nach dem Procentsatz der jüdischen Bevölkerung hätten es sein dürfen:	Nimmt man die Sollzahl der auf die Juden entfallenden Verurtheilungen mit 1 an, so wurden thatsächlich Juden verurtheilt:
	1882	1883	1884	1885	1886	1887	1888	1889	1890	1891			
Ueberhaupt	220	141	172	189	234	154	186	329	662	176	2463		
Juden	—	—	3	5	3	2	4	16	5	—	38	115	0,33

Statt 115 Verurtheilungen entsprechend dem Bevölkerungsverhältniß thatsächlich 38 Verurtheilungen von Juden.

Oeffentliche Gewaltthätigkeit durch boshafte Beschädigung fremden Eigenthums.

In den Jahren	Verurtheilungen										Summa	Nach dem Procentsatz der jüdischen Bevölkerung hätten es sein dürfen:	Nimmt man die Sollzahl der auf die Juden entfallenden Verurtheilungen mit 1 an, so wurden thatsächlich Juden verurtheilt:
	1882	1883	1884	1885	1886	1887	1888	1889	1890	1891			
Ueberhaupt	424	327	442	452	411	467	461	363	652	426	4425		
Juden	8	12	20	14	2	7	5	5	5	5	83	206,5	0,40

Statt 206,5 Verurtheilungen entsprechend dem Bevölkerungsverhältniß thatsächlich 83 Verurtheilungen von Juden.

Oeffentliche Gewaltsamkeit durch Beschädigung von Eisenbahnen, Dampfschiffen ꝛc.

In den Jahren	Verurtheilungen										Summa	Nach dem Procentsatz der jüdischen Bevölkerung hätten es sein dürfen:	Nimmt man die Sollzahl der auf die Juden entfallenden Verurtheilungen mit 1 an, so wurden thatsächlich Juden verurtheilt:
	1882	1883	1884	1885	1886	1887	1888	1889	1890	1891			
Ueberhaupt	36	37	21	26	43	31	26	31	27	24	302		
Juden	—	—	—	-	1	—	-	—	—	—	1	14	0,07

Statt 14 Verurtheilungen entsprechend dem Bevölkerungsverhältniß thatsächlich 1 Verurtheilung von Juden.

Oeffentliche Gewaltsamkeit durch Beschädigung und Störung von Staatstelegraphen.

In den Jahren	Verurtheilungen										Summa	Nach dem Procentsatz der jüdischen Bevölkerung hätten es sein dürfen:	Nimmt man die Sollzahl der auf die Juden entfallenden Verurtheilungen mit 1 an, so wurden thatsächlich Juden verurtheilt:
	1882	1883	1884	1885	1886	1887	1888	1889	1890	1891			
Ueberhaupt	8	9	6	1	4	5	1	7	8	4	53		
Juden	—	—	—	—	—	—	—	—	—	—	—	2,5	—

Dieses Verbrechen kam in den 10 Jahren bei den Juden gar nicht vor.

Oeffentliche Gewaltsamkeit durch andere boshafte Handlungen oder Unterlassungen unter besonders gefährlichen Verhältnissen.

In den Jahren	Verurtheilungen										Summa	Nach dem Procentsatz der jüdischen Bevölkerung hätten es sein dürfen:	Nimmt man die Sollzahl der auf die Juden entfallenden Verurtheilungen mit 1 an, so wurden thatsächlich Juden verurtheilt:
	1882	1883	1884	1885	1886	1887	1888	1889	1890	1891			
Ueberhaupt	25	18	17	50	22	43	15	39	40	25	303		
Juden	2	—	—	—	—	—	—	—	—	—	2	14	0,14

Statt 14 Verurtheilungen entsprechend dem Bevölkerungsverhältniß thatsächlich 2 Verurtheilungen von Juden.

Oeffentliche Gewaltsamkeit durch Menschenraub.

In den Jahren	Verurtheilungen										Summa	Nach dem Procentsatz der jüdischen Bevölkerung hätten es sein dürfen:	Nimmt man die Sollzahl der auf die Juden entfallenden Verurtheilungen mit 1 an, so wurden thatsächlich Juden verurtheilt:
	1882	1883	1884	1885	1886	1887	1888	1889	1890	1891			
Ueberhaupt	—	—	—	2	—	—	2	2	2	—	8		
Juden	—	—	—	—	—	—	—	2	—	—	2		—

Die Zahlen sind zu klein, um daran Schlüsse anknüpfen zu können.

Oeffentliche Gewaltsamkeit durch unbefugte Einschränkung der persönlichen Freiheit eines Menschen.

In den Jahren	Verurtheilungen										Summa	Nach dem Procentsatz der jüdischen Bevölkerung hätten es sein dürfen:	Nimmt man die Sollzahl der auf die Juden entfallenden Verurtheilungen mit 1 an, so wurden thatsächlich Juden verurtheilt:
	1882	1883	1884	1885	1886	1887	1888	1889	1890	1891			
Ueberhaupt	68	54	105	91	112	127	129	145	202	152	1185		
Juden	6	1	7	3	2	5	1	1	12	2	40	55	0,73

Statt 55 Verurtheilungen entsprechend dem Bevölkerungsverhältniß thatsächlich 40 Verurtheilungen von Juden.

Oeffentliche Gewaltsamkeit durch Behandlung eines Menschen als Sklaven.

In den Jahren	Verurtheilungen										Summa	Nach dem Procentsatz der jüdischen Bevölkerung hätten es sein dürfen:	Nimmt man die Sollzahl der auf die Juden entfallenden Verurtheilungen mit 1 an, so wurden thatsächlich Juden verurtheilt:
	1882	1883	1884	1885	1886	1887	1888	1889	1890	1891			
Ueberhaupt	—	—	—	—	—	—	—	—	—	—	—		
Juden	—	—	—	—	—	—	—	—	—	—	—		—

Oeffentliche Gewaltsamkeit durch Entführung.

In den Jahren	Verurtheilungen										Summa	Nach dem Procentsatz der jüdischen Bevölkerung hätten es sein dürfen	Nimmt man die Gesammtzahl der auf die Juden entfallenden Verurtheilungen mit 1 an, so wurden thatsächlich Juden verurtheilt:
	1882	1883	1884	1885	1886	1887	1888	1889	1890	1891			
Ueberhaupt	32	18	16	28	22	20	24	27	27	35	249		
Juden	1	—	1	2	4	5	1	2	11	12	39	11,5	3,4

Statt 11,5 Verurtheilungen entsprechend dem Bevölkerungsverhältniß thatsächlich 39 Verurtheilungen von Juden.

Dies Verbrechen ist, obwohl der Name dies nicht erwarten ließe, eins der von Kaufleuten besonders stark verübten Delikte. In der Rubrik Handel und Verkehr kamen 57 Fälle vor gegen 22 Fälle, die es nur hätten sein dürfen, ginge es nach der Seelenzahl der in diesem Beruf thätigen Personen. Der stärkere Antheil des Handels an diesem Delikt tritt also auch abgesehen von den Juden hervor.

Oeffentliche Gewaltsamkeit durch Erpressung.

In den Jahren	Verurtheilungen										Summa	Nach dem Procentsatz der jüdischen Bevölkerung hätten es sein dürfen:	Nimmt man die Gesammtzahl der auf die Juden entfallenden Verurtheilungen mit 1 an, so wurden thatsächlich Juden verurtheilt:
	1882	1883	1884	1885	1886	1887	1888	1889	1890	1891			
Ueberhaupt	373	297	499	435	439	396	417	386	419	365	4026		
Juden	28	5	12	25	16	17	5	9	9	23	149	188	0,79

Statt 188 Verurtheilungen entsprechend dem Bevölkerungsverhältniß thatsächlich 149 Verurtheilungen von Juden.

Oeffentliche Gewaltsamkeit durch gefährliche Drohung.

In den Jahren	Verurtheilungen										Summa	Nach dem Procentsatz der jüdischen Bevölkerung hätten es sein dürfen:	Nimmt man die Gesammtzahl der auf die Juden entfallenden Verurtheilungen mit 1 an, so wurden thatsächlich Juden verurtheilt:
	1882	1883	1884	1885	1886	1887	1888	1889	1890	1891			
Ueberhaupt	845	868	896	941	950	895	924	852	981	795	8950		
Juden	4	8	3	6	6	6	6	5	6	7	57	418	0,14

Statt 418 Verurtheilungen entsprechend dem Bevölkerungsverhältniß thatsächlich 57 Verurtheilungen von Juden.

Mißbrauch der Amtsgewalt und Geschenkannahme in Amtssachen.

In den Jahren	Verurtheilungen										Summa	Nach dem Procentsatz der jüdischen Bevölkerung hätten es sein dürfen:	Nimmt man die Gesammtzahl der auf die Juden entfallenden Verurtheilungen mit 1 an, so wurden thatsächlich Juden verurtheilt:
	1882	1883	1884	1885	1886	1887	1888	1889	1890	1891			
Ueberhaupt	15	31	29	26	42	22	21	15	21	20	242		
Juden	2	2	1	1	2	1	1	3	1	1	15	11,5	1,3

Statt 11,5 Verurtheilungen entsprechend dem Bevölkerungsverhältniß thatsächlich 15 Verurtheilungen von Juden. Die Zahlen sind zu klein, um irgend welche sicheren Schlüsse zuzulassen.

Verleitung zum Mißbrauch der Amtsgewalt.

In den Jahren	Verurtheilungen									Summa	Nach dem Procentsatz der jüdischen Bevölkerung hatten es sein dürfen:	Nimmt man die Sollzahl der auf die Juden entfallenden Verurtheilungen mit 1 an, so wurden thatsächlich Juden verurtheilt:
	1882	1883	1884	1885	1886	1887	1888	1889	1890	1891			
Ueberhaupt	13	13	16	5	15	34	21	7	11	15	150		
Juden	7	6	—	1	2	4	10	2	5	7	44	7	6,3

Statt 7 Verurtheilungen entsprechend dem Bevölkerungsverhältniß thatsächlich 44 Verurtheilungen von Juden.

Im kaufmännischen Berufe müssen die meisten Ursachen zur Begehung dieses Verbrechens vorliegen, da diese Erwerbsthätigkeit statt der auf sie nach ihrer Seelenzahl entfallenden 13 Fälle deren 53 aufzuweisen hat. Wo aber der Handel an einem Delikt stark betheiligt ist, müssen auch die Juden, die vorzugsweise Handeltreibende sind, bei dieser Strafthat stark vertreten sein.

Verfälschung öffentlicher Creditpapiere.

In den Jahren	Verurtheilungen									Summa	Nach dem Procentsatz der jüdischen Bevölkerung hatten es sein dürfen:	Nimmt man die Sollzahl der auf die Juden entfallenden Verurtheilungen mit 1 an, so wurden thatsächlich Juden verurtheilt:
	1882	1883	1884	1885	1886	1887	1888	1889	1890	1891			
Ueberhaupt	34	10	7	9	9	13	7	4	12	10	115		
Juden	1	1	2	1	—	—	—	—	—	—	5	5,5	0,91

Statt 5,5 Verurtheilungen entsprechend dem Bevölkerungsverhältniß thatsächlich 5 Verurtheilungen von Juden.

Münzverfälschung.

In den Jahren	Verurtheilungen									Summa	Nach dem Procentsatz der jüdischen Bevölkerung hatten es sein dürfen:	Nimmt man die Sollzahl der auf die Juden entfallenden Verurtheilungen mit 1 an, so wurden thatsächlich Juden verurtheilt:
	1882	1883	1884	1885	1886	1887	1888	1889	1890	1891			
Ueberhaupt	55	25	39	28	43	38	42	45	40	41	396		
Juden	1	—	—	1	2	3	5	—	5	2	19	18,5	1

Statt 18,5 Verurtheilungen entsprechend dem Bevölkerungsverhältniß thatsächlich 19 Verurtheilungen von Juden.

Religionsstörung.

In den Jahren	Verurtheilungen									Summa	Nach dem Procentsatz der jüdischen Bevölkerung hatten es sein dürfen:	Nimmt man die Sollzahl der auf die Juden entfallenden Verurtheilungen mit 1 an, so wurden thatsächlich Juden verurtheilt:
	1882	1883	1884	1885	1886	1887	1888	1889	1890	1891			
Ueberhaupt	95	98	112	94	117	118	99	91	92	90	1006		
Juden	7	7	7	3	8	10	3	3	5	4	57	47	1,21

Statt 47 Verurtheilungen entsprechend dem Bevölkerungsverhältniß thatsächlich 57 Verurtheilungen von Juden.

Der Name dieses Verbrechens deutet nicht auf ein sogenanntes kaufmännisches Delikt, dennoch ist die „Religionsstörung" ein Verbrechen, das zum größten Teil von Angehörigen des Handelsstandes begangen wird, denn statt 89 Fällen, die auf die Rubrik „Handel und Verkehr" entfallen müßten, finden wir 454 Fälle, also 5 mal so viel: Gegenüber dieser starken Betheiligung erscheint der Antheil der Juden verhältnißmäßig gering.

Nothzucht, Schändung und andere schwere Unzuchtsfälle.

In den Jahren	Verurtheilungen										Summa	Nach dem Procentsatz der jüdischen Bevölkerung hätten es sein dürfen:	Nimmt man die Sollzahl der auf die Juden entfallenden Verurtheilungen mit 1 an, so wurden thatsächlich Juden verurtheilt:
	1882	1883	1884	1885	1886	1887	1888	1889	1890	1891			
Ueberhaupt	665	622	664	784	750	843	842	917	925	957	7969		
Juden	12	11	20	12	7	12	18	14	17	18	141	372	0,38

Statt 372 Verurtheilungen entsprechend dem Bevölkerungsverhältniß thatsächlich 141 Verurtheilungen von Juden.

Mord.

In den Jahren	Verurtheilungen										Summa	Nach dem Procentsatz der jüdischen Bevölkerung hätten es sein dürfen:	Nimmt man die Sollzahl der auf die Juden entfallenden Verurtheilungen mit 1 an, so wurden thatsächlich Juden verurtheilt:
	1882	1883	1884	1885	1886	1887	1888	1889	1890	1891			
Ueberhaupt	179	140	166	168	153	138	127	102	160	136	1469		
Juden	1	2	5	7	4	2	9	1	4	2	37	68,5	0,54

Statt 68,5 Verurtheilungen entsprechend dem Bevölkerungsverhältniß thatsächlich 37 Verurtheilungen von Juden.

Kindesmord.

In den Jahren	Verurtheilungen										Summa	Nach dem Procentsatz der jüdischen Bevölkerung hätten es sein dürfen:	Nimmt man die Sollzahl der auf die Juden entfallenden Verurtheilungen mit 1 an, so wurden thatsächlich Juden verurtheilt:
	1882	1883	1884	1885	1886	1887	1888	1889	1890	1891			
Ueberhaupt	127	102	129	94	120	120	104	99	86	97	1078		
Juden	3	3	1	6	4	1	3	2	2	2	27	50	0,54

Statt 50 Verurtheilungen entsprechend dem Bevölkerungsverhältniß thatsächlich 27 Verurtheilungen von Juden.

Todtschlag.

In den Jahren	Verurtheilungen										Summa	Nach dem Procentsatz der jüdischen Bevölkerung hätten es sein dürfen:	Nimmt man die Sollzahl der auf die Juden entfallenden Verurtheilungen mit 1 an, so wurden thatsächlich Juden verurtheilt:
	1882	1883	1884	1885	1886	1887	1888	1889	1890	1891			
Ueberhaupt	261	222	223	242	238	243	276	195	208	228	2336		
Juden	3	—	1	1	2	1	4	3	2	2	19	109	0,17

Statt 109 Verurtheilungen entsprechend dem Bevölkerungsverhältniß thatsächlich 19 Verurtheilungen von Juden.

Abtreibung der Leibesfrucht.

In den Jahren	Verurtheilungen											Summa	Nach dem Procentsatz der jüdischen Bevölkerung hätten es sein dürfen:	Nimmt man die Sollzahl der auf die Juden entfallenden Verurtheilungen mit 1 an, so wurden thatsächlich Juden verurtheilt:
	1882	1883	1884	1885	1886	1887	1888	1889	1890	1891			
Ueberhaupt	25	27	29	47	31	55	28	33	42	47	364		
Juden	—	6	1	2	5	9	2	1	2	1	29	17	1,7

Statt 17 Verurtheilungen entsprechend dem Bevölkerungsverhältniß thatsächlich 29 Verurtheilungen von Juden.

Die Zahlen sind so klein, daß der Ueberschuß als eine erhebliche Abnormität kaum zu betrachten ist.

Weglegung eines Kindes.

In den Jahren	Verurtheilungen											Summa	Nach dem Procentsatz der jüdischen Bevölkerung hätten es sein dürfen:	Nimmt man die Sollzahl der auf die Juden entfallenden Verurtheilungen mit 1 an, so wurden thatsächlich Juden verurtheilt:
	1882	1883	1884	1885	1886	1887	1888	1889	1890	1891			
Ueberhaupt	41	24	36	35	24	26	22	40	26	28	302		
Juden	1	—	—	—	1	3	2	1	—	2	10	14	0,71

Statt 14 Verurtheilungen entsprechend dem Bevölkerungsverhältniß thatsächlich 10 Verurtheilungen von Juden.

Schwere körperliche Beschädigung.

In den Jahren	Verurtheilungen											Summa	Nach dem Procentsatz der jüdischen Bevölkerung hätten es sein dürfen:	Nimmt man die Sollzahl der auf die Juden entfallenden Verurtheilungen mit 1 an, so wurden thatsächlich Juden verurtheilt:
	1882	1883	1884	1885	1886	1887	1888	1889	1890	1891			
Ueberhaupt	4595	4332	4467	4732	4787	4959	4767	4547	4462	4511	46159		
Juden	58	40	57	67	48	56	65	57	47	53	548	2154	0,25

Statt 2154 Verurtheilungen entsprechend dem Bevölkerungsverhältniß thatsächlich 548 Verurtheilungen von Juden.

Zweikampf.

In den Jahren	Verurtheilungen											Summa	Nach dem Procentsatz der jüdischen Bevölkerung hätten es sein dürfen:	Nimmt man die Sollzahl der auf die Juden entfallenden Verurtheilungen mit 1 an, so wurden thatsächlich Juden verurtheilt:
	1882	1883	1884	1885	1886	1887	1888	1889	1890	1891			
Ueberhaupt	—	11	—	1	—	—	1	8	2	16	39		
Juden	—	—	—	—	—	—	—	1	—	5	6	2	3

Statt 2 Verurtheilungen entsprechend dem Bevölkerungsverhältniß thatsächlich 6 Verurtheilungen von Juden.

Diese starke Betheiligung der Juden am Zweikampf, die in allen Ländern ihre Analogien findet, hat ihren Grund wohl in ihrer starken Betheiligung am Studium.

Brandlegung.

In den Jahren	Verurtheilungen										Summa	Nach dem Procentsatz der jüdischen Bevölkerung hätten es sein dürfen:	Nimmt man die Sollzahl der auf die Juden entfallenden Verurtheilungen mit 1 an, so wurden thatsächlich Juden verurtheilt:
	1882	1883	1884	1885	1886	1887	1888	1889	1890	1891			
Ueberhaupt	235	222	238	246	219	228	222	188	175	180	2153		
Juden	2	8	..	9	2	3	2	6	3	2	37	100,5	0,37

Statt 100,5 Verurtheilungen entsprechend dem Bevölkerungsverhältniß thatsächlich 37 Verurtheilungen von Juden.

Diebstahl.

In den Jahren	Verurtheilungen										Summa	Nach dem Procentsatz der jüdischen Bevölkerung hätten es sein dürfen:	Nimmt man die Sollzahl der auf die Juden entfallenden Verurtheilungen mit 1 an, so wurden thatsächlich Juden verurtheilt:
	1882	1883	1884	1885	1886	1887	1888	1889	1890	1891			
Ueberhaupt	17818	17034	16601	16415	15054	14270	13651	14511	14266	14291	153911		
Juden	581	557	529	529	509	496	387	401	432	376	4797	7182	0,67

Statt 7182 Verurtheilungen entsprechend dem Bevölkerungsverhältniß thatsächlich 4797 Verurtheilungen von Juden.

Veruntreuung.

In den Jahren	Verurtheilungen										Summa	Nach dem Procentsatz der jüdischen Bevölkerung hätten es sein dürfen:	Nimmt man die Sollzahl der auf die Juden entfallenden Verurtheilungen mit 1 an, so wurden thatsächlich Juden verurtheilt:
	1882	1883	1884	1885	1886	1887	1888	1889	1890	1891			
Ueberhaupt	832	714	571	558	655	524	628	620	570	553	6225		
Juden	64	58	70	66	80	58	63	61	53	49	622	290,5	2,15

Statt 290,5 Verurtheilungen entsprechend dem Bevölkerungsverhältniß thatsächlich 622 Verurtheilungen von Juden.

Dieses Delikt wird sehr stark von Handeltreibenden begangen; die Rubrik „Handel und Verkehr" weist statt der auf die Seelenzahl entfallenden 550 Fälle nicht weniger als 2986 Fälle auf, nahezu 5½ mal so viel, als normal wäre. Demgegenüber ist der höhere Antheil der Juden, 2,15, geradezu klein zu nennen und hervorzuheben, daß die nichtjüdischen Handeltreibenden sicher mehr Veruntreuungen auch prozentuell begehen als die Juden.

	Der Seelenzahl nach sollen es sein	sind aber thatsächlich
Handel	550 Fälle	2986 Fälle
Juden	290,5 „	622 „

Raub.

In den Jahren	Verurtheilungen										Summa	Nach dem Procentsatz der jüdischen Bevölkerung hätten es sein dürfen:	Nimmt man die Sollzahl der auf die Juden entfallenden Verurtheilungen mit 1 an, so wurden thatsächlich Juden verurtheilt:
	1882	1883	1884	1885	1886	1887	1888	1889	1890	1891			
Ueberhaupt	157	155	173	160	138	152	127	128	120	114	1424		
Juden	3	—	5	4	5	1	1	1	—	—	20	66	0,30

Statt 66 Verurtheilungen entsprechend dem Bevölkerungsverhältniß thatsächlich 20 Verurtheilungen von Juden.

Betrug.

In den Jahren	Verurtheilungen										Summa	Nach dem Procentsatz der jüdischen Bevölkerung hätten es sein dürfen:	Nimmt man die Sollzahl der auf die Juden entfallenden Verurtheilungen mit 1 an, so wurden thatsächlich Juden verurtheilt:
	1882	1883	1884	1885	1886	1887	1888	1889	1890	1891			
Ueberhaupt	2773	2643	2747	2740	2689	2652	2080	2494	2549	2784	26751		
Juden	448	410	395	407	469	415	398	334	369	370	4015	1248	3,22

Statt 1248 Verurtheilungen entsprechend dem Bevölkerungsverhältniß thatsächlich 4015 Verurtheilungen von Juden.

Vom Betrug gilt das Gleiche, wie von der Veruntreuung. Die Rubrik „Handel und Verkehr" weist statt der der Seelenzahl entsprechenden 2360 Fälle 10560 auf, also 4,43 mal mehr, und unter diesen Umständen ist die Betheiligung der Juden keinesfalls stark, eher verhältnißmäßig gering zu nennen.

	Der Seelenzahl nach sollten es sein	sind aber thatsächlich
Handel	2360 Fälle	10560 Fälle
Juden	1248 „	4015 „

Zweifache Ehe.

In den Jahren	Verurtheilungen										Summa	Nach dem Procentsatz der jüdischen Bevölkerung hätten es sein dürfen:	Nimmt man die Sollzahl der auf die Juden entfallenden Verurtheilungen mit 1 an, so wurden thatsächlich Juden verurtheilt:
	1882	1883	1884	1885	1886	1887	1888	1889	1890	1891			
Ueberhaupt	12	7	20	15	20	16	10	10	12	17	139		
Juden	—	1	2	1	—	—	—	—	1	—	5	6,5	0,8

Statt 6,5 Verurtheilungen entsprechend dem Bevölkerungsverhältniß thatsächlich 5 Verurtheilungen von Juden.

Verläumdung.

In den Jahren	Verurtheilungen										Summa	Nach dem Procentsatz der jüdischen Bevölkerung hätten es sein dürfen:	Nimmt man die Sollzahl der auf die Juden entfallenden Verurtheilungen mit 1 an, so wurden thatsächlich Juden verurtheilt:
	1882	1883	1884	1885	1886	1887	1888	1889	1890	1891			
Ueberhaupt	139	150	182	183	186	186	172	173	142	168	1681		
Juden	21	28	36	29	28	20	33	15	15	23	257	78,5	3,28

Statt 78,5 Verurtheilungen entsprechend dem Bevölkerungsverhältniß thatsächlich 257 Verurtheilungen von Juden.

Bei dieser Strafthat sind dreimal so viel Juden bestraft, als auf dieselben käme; aber auch hierbei ist das Gleiche der Fall, wie bei Betrug und Veruntreuung. Auf die Rubrik „Handel und Verkehr" sollten entfallen 149 Bestrafungen, es sind aber in Wirklichkeit 479, d. h. 3¹/₄ mal zu viel vorgekommen, also derselbe Prozentsatz bei allen Handeltreibenden, wie bei den Juden allein.

	Nach der Seelenzahl sollten es sein	sind aber thatsächlich
Handel	149 Fälle	479 Fälle
Juden	78,5 „	257 „

Verbrechern geleisteter Vorschub.

In den Jahren	Verurtheilungen										Summa	Nach dem Procentsatz der jüdischen Bevölkerung hätten es sein dürfen:	Nimmt man die Sollzahl der auf die Juden entfallenden Verurtheilungen mit 1 an, so wurden thatsächlich Juden verurtheilt:
	1882	1883	1884	1885	1886	1887	1888	1889	1890	1891			
Ueberhaupt	37	36	48	45	44	38	39	45	56	54	442		
Juden	5	3	2	1	1	1	4	—	8	1	26	20,5	1,3

Statt 20,5 Verurtheilungen entsprechend dem Bevölkerungsverhältniß thatsächlich 26 Verurtheilungen von Juden.
Die Zahlen sind zu klein, um daraus Folgerungen ziehen zu können.

Verleitung eines Soldaten zur Verletzung der militärischen Dienstpflicht.

In den Jahren	Verurtheilungen										Summa	Nach dem Procentsatz der jüdischen Bevölkerung hätten es sein dürfen:	Nimmt man die Sollzahl der auf die Juden entfallenden Verurtheilungen mit 1 an, so wurden thatsächlich Juden verurtheilt:
	1882	1883	1884	1885	1886	1887	1888	1889	1890	1891			
Ueberhaupt	—	—	—	—	—	—	2	1	—	1	4		
Juden	—	—	—	—	—	—	—	—	—	1	1		—

Die Zahlen lassen ihrer Niedrigkeit halber keinen Schluß zu.

Verbrechen nach dem Gesetze vom 27. Mai 1885, R. G. Bl. Nr. 134, betreffend den gemeingefährlichen Gebrauch von Sprengstoffen.

In den Jahren	Verurtheilungen										Summa	Nach dem Procentsatz der jüdischen Bevölkerung hätten es sein dürfen:	Nimmt man die Sollzahl der auf die Juden entfallenden Verurtheilungen mit 1 an, so wurden thatsächlich Juden verurtheilt:
	1882	1883	1884	1885	1886	1887	1888	1889	1890	1891			
Ueberhaupt	—	—	—	1	—	1	1	—	1	—	4		
Juden	—	—	—	—	—	—	—	—	—	—			

Dieses Verbrechen kam bei den Juden gar nicht vor.

Summa.

In den Jahren	Verurtheilungen										Summa	Nach dem Procentsatz der jüdischen Bevölkerung hätten es sein dürfen:	Nimmt man die Sollzahl der auf die Juden entfallenden Verurtheilungen mit 1 an, so wurden thatsächlich Juden verurtheilt:
	1882	1883	1884	1885	1886	1887	1888	1889	1890	1891			
Ueberhaupt	32092	30859	30592	30865	29706	28745	28112	28516	29090	28433	296510		
Juden	1326	1229	1246	1249	1239	1204	1096	991	1069	1022	11671	13837	0,84

Statt 13837 Verurtheilungen entsprechend dem Bevölkerungsverhältniß thatsächlich 11671 Verurtheilungen von Juden.